강의에 대한 강의

피에르 부르디외

현택수 옮김

東文選

강의에 대한 강의

1982년 4월 23일 금요일
콜레주 드 프랑스의 사회학 강좌 취임강의

PIERRE BOURDIEU
LEÇON SUR LA LEÇON

© 1982 Les Éditions de Minuit

강의에 대한 강의

취임강의일지라도 강의 자격에 망설이지 않고 강의를 할 수 있어야만 합니다. 제도는 이런 문제나 시작에 있어서 불안을 떨치기 위해 존재합니다. 교수자격시험과 임명식·취임강의는 권리양도 행위를 상징적으로 실현시킵니다. 그리하여 새로 취임한 교수는 권위를 갖고 말할 수 있게 되고, 자격 있는 사람에 의한 정당한 강의로 자신의 말을 제도화시킵니다. 이러한 의식의 고유한 주술적 효과는, 공개강의를 하는 신임교수와 이를 듣는 학자들의 조용하고도 보이지 않는 상호교환 작용에서 나타납니다. 즉 신임교수의 말이 가장 저명한 학자들에 의해 보편적으로 받아들여질 수 있고, 엄격한 의미에서 법제화되는 것은 학자들이 몸소 집단적으로 참여함으로써 이루어지는 것입니다. 그러나 취임강의에 대한 말놀이를 너무 길게 끌고 가지 않는 것이 좋을 것 같습니다. 다행한, 혹은 불행한 제도관계에 대한 학문인 사회학은 넘을 수 없고 간혹 참을 수 없는 거리감을 가정합니다. 즉 사회학은 제도에 대한 기대를 '운 좋게' 충족시키는 순진한 상태를 제거합니다.

비유 혹은 패러다임, 강의에 대한 강의, 담론행위 중 스스로 성찰하는 담론은 제가 생각하는 바 사회학의 가장 중요한 속성 중의 하나를 상기시킵니다. 사회학이 표명하는 모든 명제들은 과학의 주제에 적용될 수 있고, 또 그래야 합니다. 사회학자가 객관화하고 비판적인 거리를 유지하는 것을 모를 때, 사람들은 그를 상징적 경찰행위를 하는 난폭한 심문자로 봅니다. 사회학자는 소속감을 이루는 믿음과 모든 연계·계보를 부정하지 않고는, 그리고 집단과 결속한 동의와 동맹을 끊지 않고서는 사회학에 들어올 수 없습니다. 따라서 이른바 민중계급 출신으로서 소위 엘리트계급에 이른 사회학자는 청중을 속이는 민중의 민중주의적 표상과, 엘리트와 엘리트가 아닌 사람 모두를 동시에 속이는 엘리트의 엘리트주의적 표상을 폭로할 때만 모든 종류의 사회적 변화에 연계되어 있는 특수한 명철함에 접근할 수 있을 뿐입니다.

과학적 사회학의 정립에 있어서 극복할 수 없는 어떤 장애물 때문에 학자가 사회적 개입을 하는 것은, 사회학자가 사회적 결정주의들을 배태하고 의식하는 학문 그 자체 안에서 이것들에 대항하는 무기를 발견한다는 사실을 잊어버리는 것입니다. 기존 학문의 결과들만을 취하여 학문에 대항하는 사회학은 사회학적 방법론의 필수불가결한 도구입니다. 즉 학문을 한다는 것, 특히 사회학을 한다는 것은 사회학 교육과정에 따르는 것만큼이나 그에 반대하는 것입니다. 마치 역사만이 역사를 떨쳐 버릴 수 있는 것과 같습니다. 이같이 사회과학의 사회사는 조르주 캉길렘과 미셸 푸코에 의하여 제시된 역사인식론의 큰 전통에서 무의식의 과학처럼 인식된다는 조건하에, 역사로부터 탈피하는 가장 유력

한 방법 중의 하나입니다. 말하자면 그것은 현재로 이어져 합체된 과거, 혹은 지적 유행의 출현 그 순간에 이미 지나가 버린 현재의 세력에서 벗어나는 일입니다. 교육체계와 지식계의 사회학이 저에게 중요한 것처럼 보인다면, 그것은 사회학이 더 직접적으로 사고할 것을 제한하고 사고한 것을 미리 결정하는 비사고의 범주에 모든 성찰적 분석을 도입하면서 지식의 주체에 대한 지식에 기여한다는 점입니다. 엘리트 학교가 그들이 선발한 학생을 고립시키는 결핍의 마술적 과정을 추적하면서, 우리는 모든 성공한 교육이 무시하는 전제·검열·결함의 세계를 환기시키는 것으로도 충분하다고 생각합니다.

인식론 비판은 사회 비판과 그 맥을 같이하고 있습니다. 우리가 고전사회학을 구별하기 위해서는 〈분류의 원시적 형태 Formes primitives de classification〉라는 논문의 저자인 뒤르켐이 《프랑스의 교육발전 l'Evolution pédagique en France》에서 제안하였던 교육체계의 사회사를 많은 자료의 제공에도 불구하고, 교수합의의 범주에 대한 발생론적 사회학으로서 전혀 이해하지 못하였다는 사실을 아는 것만으로 충분합니다. 왜냐하면 아마도 공사(公事)의 관리는 학자들에게 일임하라고 권장했던 뒤르켐은 사회적 사실을 연구하는 학자의 사회적 위치에 대하여, 사회적 사실을 있는 그대로 생각하기 위해 필요한 거리를 유지하기가 힘들었기 때문입니다. 마찬가지로 아마도 유일하게 노동운동과 운동권 내외 이론가들의 관계에 대한 사회사는, 왜 마르크스주의에 종사하는 사람들이 정말로 마르크스의 사상에 빠져들지 않았는지, 그리고 마르크스주의의 사회적 이용은 지식사회학의 실험 결과로 이루어졌고 마르크스는 그 시초였다는 것을 이해시켜 줍니다. 그러나 역사적·사회학적 비판이 모든 규준적인 글들의 신학적, 혹은 테러리스트적 사용을 완전히 저지할 수 있으리라고 기대하지 않습니다. 실제로 과학적 실천에서 주해의 마술이 항상 다시 시작되는 이론과 개념은 거짓된 영원성을 보장합니다. 우리는 적어도 역사·사회학적 비판이 그 효력을 발생시키기 위하여 이러한 교조적 최면상태에서 가장 명철함과 확고한 것들을 추출해 낸다고 기대합니다.

　비록 과거 교단의 '자기 확신(certitudo sui)'을 허락하는 교육제도의 변화에 조금은 영향받고 있다 하더라도, 이 비판적 질문은 유행하는 반제도적 유머로서 이해되어서는 안 됩니다. 역사 비판은 최고의 전망에 대한 유혹, 이 실수의 조직적인 원칙을 피하는 유일한 방법으로 사실상 필요합니다.

　때때로 우리가 시인하는 바 사회학자가 계급·지역·국가간의 한계를 말할 권리를 증가시켜 가고, 사회계급들(프롤레타리아·농민층, 혹은 프티 부르주아지)이 존재하는지 안하는지, 그리고 지리적 단위들(브르타뉴·코르시카·옥시타니)이 현실적인 것인지 혹은 가공적인 것인지를 학문적 권위를 갖고 결정하는 권리를 키워 갈 때, 사회학자는 경계·한계 그리고 신성을 말하는 '경계짓기(regere fine)'와 '신성화하기(regere sacre)'의 권력이 함축된 기능, 즉 벤베니스트가 말하는 고대 '왕'의 기능을 떠맡거나 찬탈하고 있는 것입니다.

　피에르 쿠르셀을 기리면서 제가 방금 인용한 이 말은, 덜 권위적이고 오늘날 현실에 더 근접한 '검열'이란 또 다른 의미를 지니고 있습니다. 이는 의식과 사물

안에 사회계의 분화를 일으키는 능력을 지닌, 허가된 발언에 속하는 '헌법적' 권한의 소유자를 지칭하는 데 쓰입니다. 시민들을 그들의 재산에 따라 분류하는 기술적 작업('센서스', 조사)의 책임자인 '검열가'는, 학자의 주체보다는 판사의 주체에 보다 가까운 판단의 주체입니다. 이것은 사실상 조르주 뒤메질을 인용하자면 "(한 인간의 행동 혹은 의견 등을) 이 상황의 모든 실천적 결과와 더불어 정당한 대중 평가에 의하여 각각 합당하게 위계화된 위치에 놓는 것"입니다.

신화와 같은 사회질서의 자의적 분화와 무엇보다도 노동분화를 세우려는 야심, 그리고 인간 분류의 문제에 이같이 논리적·우주론적 해결을 제시하려는 야심과 결렬하기 위해서, 사회학은 이러한 야심들을 방치하기보다는 사회세계의 정당한 표현의 독점을 위한 투쟁을 연구대상으로 삼아야 합니다. 여기서 분류의 투쟁이란 연령·성·사회계급의 모든 종류의 분류투쟁을 말합니다. 인류학적인 분류는 각자의 위치에 정리, 혹은 재정리되는 객체들이 분류하는 주체들이라는 점에서 동·식물학적 계통학과 구별됩니다. 개과(科)로 분류할 때,

종(種)으로 인정된 개·여우·늑대 들이 납득할 만한 변종의 범위에 관하여 우화적으로 제각기 한 마디씩 한다면, 즉 장르와 종의 위계화에서 서열을 정하기 위해 설정한 특성의 위계화가 먹이에 대한 접근 기회를 조종하거나 동물의 아름다움에 의한 분류라면, 이후 어떤 일이 초래될 것인지 상상만 해도 충분히 알 것 같습니다. 간단히 말해 본질을 밝히면서 존재의 소속을 주장하고, 정의에 의해 그 존재에 부과된 것을 수행하도록 명령하는 대철학자가 크게 실망하게도, 분류된 자들과 잘못 분류된 자들은 그들을 가장 적절치 못한 위치로 배치한 분류의 원칙을 거부할 수 있습니다. 사실상 역사가 보여 주듯이 피지배자들이 합법적 분류의 영향에서 벗어날 수 있고, 사회세계 인식의 사회적 범주인 내재적인 한계를 뛰어넘으면서 그들의 세계관을 변화시킬 수 있습니다. 그러나 그것은 지배적 분류에 있어서—적어도 어떤 상황에서는—자주 자신도 잘못 분류되기도 하면서, 대부분 판단과 분류의 권력을 독점하는 주창자들의 행동하에서 이루어집니다.

이같이 정당한 분류학의 정립과 정착을 위한 투쟁

속에 불가피하게 연루되는 것을 알게 되고, 이차적으로 이 투쟁의 학문은 즉 교육체계나 인구조사와 사회통계의 큰 공조직 체계에 연루되어 있는 제도의 기능과 기능상태에 대한 지식을 연구대상으로 합니다. 분류투쟁의 공간, 그리고 이 공간 안에서 혹은 그와 관련된 공간에서의 사회학자의 위치를 생각하는 것은 결코 과학을 상대주의 속에 빠지게 하는 것이 아닙니다. 진실이 어디에 있는지 혹은 상식적으로 말해서 누가 옳은지, 그리고 결국 옳고 그름의 뚜렷한 균형적인 분배가 객관성과 일치한다는 것을 주장하는 데에 있어서 아마도 사회학자는 더 이상 공정한 심판자나 신성한 관조자가 아닙니다. 그러나 사회학자는 다른 무엇보다도 진리의 게임이라는 투쟁의 진실을 말하려고 노력하는 사람입니다. 예를 들면 계급·지역·국가의 존재를 인정하는 사람과 부정하는 사람들로 구분하는 것 대신에, 그는 이 투쟁의 특수한 논리를 설정하고, 세력관계의 상태와 그 변화의 메커니즘에 대한 분석을 통하여 다양한 분야에 대한 분석기회를 가지려고 노력합니다. 현실을 그대로 복사하듯이 현실화에 기여하는, 현실에 대한 진정한 표상을 강요하는 투쟁의 모델을 세우는 것은 사회학자에게 속한 일입니다. 조르주 뒤비는 이러한 모델을 역사가의 작업에 있어서 이론의 여지가 없는 도구로서 받아들이는 대신에, 세 가지 질서의 체계를 역사분석의 대상으로 삼습니다. 그것은 역사학이 중세사회를 생각해 오던 관습으로서의 분류체계와 분류권력의 독점을 주장하는 주교와 기사집단간의 투쟁의 게임이자 산물인 분류체계, 그리고 그들이 생각하는 현실 자체를 생산하는 데에 기여하는 분류원칙입니다. 마찬가지로 다양한 사회계급의 속성과 의견을 다루는 일정한 시점에서 사회학자가 보여 주는 사실은, 그것을 위하여 사용해야 되는 분류기준 자체들과 함께 역시 모든 상징적 투쟁의 역사적 산물입니다. 계급의 존재와 정의의 게임으로서, 이 상징적 투쟁은 매우 실제적으로 '계급화하는' 데에 기여합니다. 이 지나간 투쟁의 현재적 결말은 간과할 수 없을 정도로 과거의 사회학 이론에 의한 효과에 달려 있습니다. 과거 사회학은 특히 노동계급과 동시에 다른 계급을 만들어 이를 믿게 하고, 노동계급이 혁명적 프롤레타리아계급으로서 존재한다는 것을 믿게 하는 데 기여하였습니다. 사회과학이 발달하고 그 폭로성이 증가함에 따라, 사회학자들은 더욱더 자주 그들의 대상에서 실현된 과거의 사회과학과 마주치게 됩니다.

그러나 현실 묘사에 가장 많이 집착한 사회학자일수록 항상 규정하거나 금지하려 한다는 의심을 받는 것은, 정치적 투쟁이 예측과 단순한 주장을 만드는 역할을 한다는 생각을 하면 충분히 이해가 되는 사실입니다. 우리는 일상생활 속에서 사물의 본질을 정상 또는 비정상, 인정 또는 배척, 축복 또는 저주의 형식으로 보는 데에 일치하거나 반대한다는 표현을 실질적으로 전혀 하지 않습니다. 명사는 함의적인 형용사나 조용한 동사와 어울리게 됩니다. 이때 동사는 존재할 가치와 현존에 집착하여 인정하고 명령하면서 제도화하는 경향이 있는 반면, 파면하고 강등시키고 신용을 떨어뜨리는 경향도 지니고 있습니다. 따라서 과학에 대한 담론을 재판의 논리 속에서 작동시키기를 원하는 생각으로부터 이 담론을 끌어낸다는 것은, 이를 단죄하는 자유가 주어지는 만큼이나 쉽지 않습니다. 이같이 문화적으로 가장 소외된 자들과 고급문화를 관련짓는 학문적 진술은, 대중을 무지몽매하다고 단정하는 교활한 방법으로서, 혹은 반대로 미개함을 복원 혹은 찬양하거나 문화가치를 없애 버리는 음흉한 방법으로서 이해될 수 있는 모든 가능성을 포함하고 있습니다. 과학의 탐구가 항상 무엇으로 이루어지는지에 대한 적절한 대답을 위한 노력이 정당화하거나 변호하는 방식으로 나타내는 위험을 갖는 경우란 무엇을 의미하는가? 노동의 굴레 혹은 빈민촌의 비참함 앞에서, 그리고 집단수용소의 고문과 폭력에 대해 말하지 않고, 태산 앞에서 헤겔과 같이 말할 수 있는 '그러한 방식'은 범죄적 음모의 가치를 지니고 있습니다. 사회세계에 대해 권위를 갖고 인정된 예견 능력이 부여하는 것을 보게 하고 믿게 하는 힘보다 더 중립적인 것은 없기 때문에, 학자가 원했던 바는 아니지만 과학이 확증한 사실들은 불가피하게 정치적 효력을 발생시킵니다.

그럼에도 불구하고 환멸적 염세주의를 개탄하고, 예를 들어 사회학이 사회적 재생산의 법칙을 만들 때, 사회학적 분석의 파괴적 효과를 개탄하는 사람들은 갈릴

레오가 물체의 낙하법칙을 만들어 비상의 꿈을 꺾었다고 비판했던 사람들과 같은 맥락 위에 있습니다. 문화적 자본이 문화적 자본으로 통하는 법칙과 같이 하나의 사회법칙을 표명하는 것은, 이 법칙이 특별한 경우 문화적 자본이 가장 빈약한 어린이들의 낙제를 예견하는 효과에 기여하는 적절한 상황들 가운데 오귀스트 콩트가 말한 바 '수정적 요소'를 도입하는 가능성을 제공하는 것입니다. 그런데 이 수정적 요소들은 비록 그 자체는 매우 빈약하지만, 우리가 바라는 방향대로 메커니즘들의 결과를 변화시키는 데는 충분합니다. 여기에서도 마찬가지로 메커니즘에 대한 지식이 메커니즘을 통제하려는 행위의 조건과 수단을 결정한다는 사실로 미루어, 우연을 운명으로 취급하는 사회학주의에 대한 거부는 정당화됩니다. 그리고 거기에 한 줌의 이상주의를 증명하기 위한 해방운동들이 있습니다. 사람들이 한편으로 신경증이라고 부르는 현실에 대한 이 마술적 부정은, 현실적 사실에 대한 실천적 부정의 정치적 조건들을 만들어 내는 데에도 기여할 수 있습니다. 그러나 특히 지식은 해방적으로 보이는 하나의 효력을 스스로 발생시키는데, 그것은 지식이 메커니즘 기능의 법칙들을 세울 때마다 그들 효과의 한 부분이 오인에서 비롯된다는 것입니다. 다시 말해서 매번 지식은 상징적 폭력의 근원과 관련되는 것입니다. 이 특정한 폭력의 형태는 인식하는 주체에 대해서만 사실상 적용될 수 있을 뿐입니다. 그러나 그의 인식행위는 부분적이고 신비화되어 있어서 지배의 진정한 근원에 대한 오인 속에 내포된, 지배에 대한 암묵적인 인정을 합니다. 우리는 무엇보다도 명백한 이 상징적 행위를 하기 위하여, 오인의 무지를 필요로 하는 모든 사람에 대항하여 사회학이 끊임없이 과학의 지위에 이의를 제기하고 있음을 압니다.

과학계 그 자체, 혹은 더 넓게 지식계를 과학적으로 생각할 때만큼 특권의 유혹을 거절할 필요성이 요구되지는 않습니다. 이제 지식인에 대한 사회학을 처음부터 끝까지 완전히 재고해야 할 것 같습니다. 현재의 이득과 허가된 투자의 중요성을 이유로 지식인 각자가 그들의 적수들에게 사회학자 ——가장 투박한 의미로는 사회학주의자——로 자처하고, 동시에 진실을 위한 모든 투쟁을 지배하는 무지와 명석함의 법칙에 따라 고유한 관념론자가 되는 투쟁의 논리로부터 한 지식인이 벗어나기란 대단히 어렵습니다. 게임의 고유한 규칙 혹은 규칙성과 함께, 그리고 그 안에서 발생되는 특수한 투자와 충족되는 이득과 함께 게임을 그 자체로 이해할 때, 동시에 재현의 구성적 거리에 의하여 혹은 그 거리를 위하여 벗어날 수 있고, 게임과 결정되고 결정하는 투자와 더불어 정해진 장소에 참여하고 있는 자신을 발견하는 것입니다. 어떠한 과학적 주장이든지간에 객관화가 표명되는 순간부터, 즉 전체 속에서 게임을 보는 것을 저버리거나 거부하는 한 그 객관화는 '편파적'으로 즉 거짓으로 남게 됩니다. 게임을 있는 그대로, 다시 말해서 각 위치의 점유자들이 다른 위치와 그들의 점유자들이 가질 수 있는 관점의 원리인 객관적 위치의 공간으로서 구성하는 것은, 투쟁에 관여한 행위자들이 몰두하는 다소 거친 환원적 객관화의 총체를 과학적으로 객관화하고, 객관화가 무엇을 위한 것이며, 그룹간의 객관적 관계의 진실로서 한 그룹의 편파적 진리를 강요하는 것을 목적으로 하는 상징적 전략을 알게 하는 방법을 주는 것입니다. 그것은 경쟁하는 행위자가 구성하는 게임 자체를 무시하고, 게임에 참여하여 얻는 이득과 결과적으로 나타나는 객관적 공모를, 즉 진실을 은폐하기 위해 적대적 공모가 이루어지는 것을 발견하는 것입니다.

무제한적 사고에 이르게 하는 제한적 사고를 기대해서는 안 된다는 것은 너무나 명백합니다. 무제한적 사고란 만하임이 일컫는 바 '자유롭게 부동(浮動)하는 지식인'이라는 환영의 한 형태이고, 절대지식에 대한 야심의 역사적 대치물인 일종의 사회적 비상의 꿈의 한 형태입니다. 과학사회학의 새로운 지식은 사회학적 사고의 사회적 결정요인들에 대한 지식, 즉 자신과 경쟁자들의 실천의 결정요인들에 따른 효과에 각자가 반박할 수 있는 비판의 효율성을 증가시킴으로써 사회학적 과학을 강화시키고 있습니다. 과학은 과학적 비판, 즉 동원된 무기의 과학적 질(質)과 과학적으로 승리하기 위해 과학의 무기들을 사용할 필요성이 강화될 때마다 필연적으로 강화됩니다. 과학의 장은 사실상 다른 장과 마찬가지로 하나의 투쟁의 장입니다. 그러나 경쟁에 의해 촉발된 비판적 성향은 축적된 자원을 동원할 수 있을 때만 만족을 얻을 뿐입니다. 많은 집단의 지식으로 과학이 진보할수록, 과학적 투쟁에의 참여는 더 많은 과학적 자본의 소유를 전제합니다. 따라서 과학혁명은 박탈자들이 아닌 소유자들의 사건입니다. 이 단순한 법칙으로 우리는 과학적 진리처럼 생산의 사회적 조건에 비교적 무관한 초역사적 사회적 산물이 오늘날 물리학, 또는 생물학의 장처럼 독특한 사회적 지형의 역사성에서 생길 수 있다는 것을 이해할 수 있습니다. 달리 말하자면, 사회과학은 역사적인 그러나 역사에 환원될 수 없는 이성의 역설적인 진보를 설명할 수 있습니다. 진리가 있다면 그것은 투쟁의 게임입니다. 그러나 과학의 무기를 사용하면서 과학적 진리의 발전에 경쟁하여 상대방을 누를 수 있다는 논리에 복종할 때만이, 이 투쟁은 진리에 이르게 됩니다.

이같은 논리는 사회학에도 적용됩니다. 전문직업을 폄하시키는 일종의 행위들을 없애기 위하여 전문분야의 막대한 지식의 통제는 모든 참여자와 주창자들에게 실제적으로 요구됩니다. 그러나 사회세계로부터 자율적인 과학의 존재에 이 세상의 그 누가 관심이 있겠습니까? 아무튼 그들은 과학적으로 가장 부족한 자들이 아닙니다. 그들은 외부의 어떤 세력자와도 손잡고 내부 경쟁에서 파생된 구속과 통제에 대항하여 강화 혹은 설욕을 찾도록 구조적으로 정향되어, 정치적 비난 속에서 과학적 비판의 쉬운 대치물을 항상 찾을 수 있습니다. 그들은 실제적으로 자율적인 사회과학에서 가장 무서운 경쟁들만을 보는 일시적, 혹은 정신적 권력의 소지자들 또한 아닙니다. 사회과학은 특히 타율성에 의해 규칙을 정하는 야심을 거부하면서, 그 자신에 대해 비판적이고 함축적으로 과학의 모든 남용과 과학의 이름으로 자행되는 모든 권력의 남용에 대해 부정적이고 비판적인 권위를 요구합니다.

과학의 한 분야로서 사회학의 존재는 끊임없이 도전받고 있습니다. 사회학의 구조적 취약성은 정치적 게임에 의해 과학적으로 필요한 것으로 속일 수 있는 데에서 비롯됩니다. 이러한 사회학의 구조적 취약성은, 이것이 사라지기를 바라는 만큼이나 사회학에 많은 기대를 걸어 걱정스럽게도 사회학이 막대한 영향력을 갖는다는 데에 있습니다. 사회적 요구는 언제나 압력·명령, 혹은 유혹에서 나옵니다. 사회학에 최대로 기여하는 것은 아마도 사회학에 아무것도 요구하지 않는 것입니다. 폴 베인느는 "쓰지 않은 부분에서 위대한 고고학자를 인정하게 된다"고 말하였습니다. 자신의 과학적 한계를 넘도록 끊임없이 요청받는 사회학자들은 무엇을 말할 것입니까? 거짓 과학의 부질없는 소리에 자유의 장을 허용하는, 정의상 모르는 체하기로 한 침묵만큼 일상적 예언의 즉각적인 만족을 거부하기란 그리 쉽지는 않습니다. 그러므로 도처에서 사회철학의 야망과 모든 것에 대해 답변하는 에세이즘의 유혹을 뿌리칠 수 없어, 현재 어떤 이들은 항상 실패하는 과학의 영역에 머무르면서 생애를 보냅니다. 그러나 다른 이들은 반대로 이 지나침 속에서 특유의 세밀함으로 완전히 신중하게 포기한 것을 정당화하기 위한 변명을 찾습니다.

사회과학은 정당화와 조작화의 도구가 되기를 바라는 사회적 요구를 거부하면서 구성될 뿐입니다. 사회학자는 권한도 임무도 없는 것을 개탄할 때가 있습니다. 그러나 그에게는 연구의 논리에 근거하여 설정한 사람

들이 있습니다. 사회학자는 본질적인 침해에 대해 정의
감을 느끼고, 민중을 위해 민중의 편을 들어 말할 의무
를 느끼고, 뿐만 아니라 민중을 대신하여 그리고 마치
자신에게 일어난 것처럼 인종차별주의·빈곤주의·민
중에 대해서 이야기할 의무를 느낍니다. 그러나 또한
그 자신을 위해 이야기하는 민중주의를 비난할 의무도
갖습니다. 혹은 적어도 그는 자신을 상상 속에서 민중
이라고 생각하면서, 최상의 경우—나는 미슐레의 경
우를 생각합니다—사회적 단절과 관련된 고통을 잠
재우기를 애쓰면서 여전히 그 자신에 대해 말합니다.
그러나 저는 여기서 괄호를 쳐야겠습니다. 방금 제가
말했듯이, 사회학자가 학자와 예술가 혹은 혁명가의 가
장 '순수한' 행위와 담론을 격렬함이나 신랄함에 빠져
축소하거나 없애려는 편견을 부추기지 않으면서, 그 생
산의 사회적 조건과 그 생산자의 특별한 이익에 관련
시키도록 가르칠 때, 그는 단지 그의 객관적이고 주관
적인 완벽함에 대해 엄격주의, 나아가 원한의 테러리즘
을 조사할 방법을 전달하는 것입니다. 원한의 테러리즘
은 보상적 평등주의를 요구하는 사회적 보복의 욕망을

전환하는 사람에게서 시작됩니다.

역사적 위치를 갖는 역사적 행위자인 동시에 사회적으로 결정된 사회적 주체인 사회학자를 통하여, 역사가 안에서 이루어지는 사회는 한순간 그 자체를 살펴보게 됩니다. 그리고 사회학자를 통하여 모든 사회행위자들은 자신들이 누구인지, 무엇을 하는지를 좀더 잘 알 수 있습니다. 그러나 이같은 임무는 자세히 말해서 모든 사람들이 사회학자에게 부여하고 싶은 마지막 임무입니다. 사람들은 오해·부인·앎의 거부를 가지고 있고, 사회세계에 대해 말하지 않거나 혹은 그들이 말하지 않는 것과 같은 방식에 대해 이야기하는 모든 형태의 담론들을 과학으로 인정할 준비가 되어 있습니다. 이 부정적 요구는 예외를 제외하고는 신속한 검열에서 선언되어질 필요가 없습니다. 사실상 엄격한 과학은 누구나 다 아는 사실과는 결연한 단절을 가정하기 때문에, 세계적 실험주의의 오류 불가능한 생각과 공식과학의 준지식을 얻기 위한 보통의 생각, 그리고 부르주아 상식에의 경도를 습관에 따르도록 두는 것으로 충분합니다. 사회학자가 발견하려고 노력하는 상당 부분은 자연과학자가 발견하려고 하는 의미와 같이 숨겨져 있는 것이 아닙니다. 그가 발견하려는 수많은 현실과 관계들은 보이지 않는 것이 아니라, 단지 라캉의 편지의 한 구절에서 빌린 표현처럼 "그것들은 눈을 피로하게 합니다"는 의미를 갖습니다. 예를 들면 나는 실천과 이미 받은 교육에 대한 문화적 선호를 결합하는 통계적 관계를 생각합니다. 진리를 생산하고 이를 한 번 인정하기 위해 필요한 작업은, 프로이트적 의미에서의 진정한 거부를 굳건히 하려는 집단적 방어의 메커니즘에 부딪칩니다. 충격적인 현실의 인정을 거부하는 것은 이익의 방어에 따른 것이므로, 문화를 부인하는 생산과 재생산의 조건을 밝히는 분석들은 문화자본 소유자들의 극단적으로 격렬한 저항적 반응을 야기시킵니다. 기발함과 천부성의 범주로 사고하는 성향의 사람들에게 이같은 분석들은 평범하고 다 아는 것만을 발견할 뿐입니다. 이 경우 자아의 인식은 훌륭합니다. 칸트는 이를 '지옥에의 추락'이라고 볼 것입니다. 에르 신화에서 자신들이 선택한 삶을 살기 위하여 지상으로 돌아오기 전에 망각의 아멜레스 강물을 마셔야만 하는 영혼들과 마찬가지로, 문화적 인간은 자연의 선물로서 그들의 문화를 허락해 주는 원천을 잊어버릴 때 가장 많은 순수한 문화적 즐거움을 누릴 수 있습니다. 이러한 논리에서 정신분석학은 그들이 그들의 존재이유인 생생한 잘못을 옹호하기 위하여, 그리고 대립의 조정에 기초한 동일성의 전체를 살리기 위하여 모순 앞에서 물러서지 않을 것임을 보여 준다. 프로이트가 묘사하는 식의 냄비에 대한 착오적 추리의 형태에 의존하면서, 그들은 과학적 객관화를 그리고 그것의 불합리와 자명함, 즉 그것의 통속성과 천박성을 동시에 비난할 수 있을 것입니다.

사회학의 적들은 집단적 부인의 부정을 가정하고 만드는 활동이 존재해야 하는지를 물을 권리가 있습니다. 그러나 아무도 과학적 성격에 이의를 제기하지 못합니다. 사회세계에 대한 총체적 지식을 위한 사회적 요구는 엄격히 말해서 존재하지 않는다는 것은 확실합니다. 단지 과학생산의 장의 상대적 자율성과 그 속에서 발생하는 특수한 이익만이 모든 형태의 요구보다 앞서는 과학적인, 즉 흔히 비판적인 산물의 공급의 출현을 허락하여 가능케 합니다. 그 어느 때보다도 '계몽

(Aufklärung)'과 탈신비화의 과학의 편에서, 마르시알 게루가 즐겨 인용한 데카르트의 원전을 언급하는 것으로 만족할 것입니다. "나는 거짓 상상력으로 스스로를 속이려고 노력하는 것에 대해 동의하지 않습니다. 진리를 아는 것이 가장 큰 완성 중의 하나임을 보면서, 비록 진리가 우리에게 불리하더라도 그것을 무시하여 덜 유쾌하지만 더 많이 알게 되는 것이 좋다고 생각합니다." 사회학은 '자기 기만'을 들추어 냅니다. 모든 사회에서 집단적으로 일어나고 고무되는 자기 자신에 대한 거짓말은 가장 신성한 가치들의 기초를, 그리고 그것에 의해 모든 사회적 존재의 기초를 이룹니다. 사회학은 마르셀 모스가 한 말처럼, "사회는 그 자신의 꿈에 대해 항상 그 자신에게 위폐로 지불합니다"는 것을 가르칩니다. 노쇠해지는 사회에 대한 도상적(iconoclaste) 과학은 물신주의의 모든 형식의 원인인 메커니즘의 이해와 자각을 진전시키면서, 우리에게 적어도 사회적 본성의 소유자를 적게나마 제공하는 데에 기여합니다. 물론 나는 이러한 교훈을 많이 준 레이몽 아롱이 말한 '세속적 종교'를 생각합니다. 시민축제·시민의식과 민

족 혹은 민족주의적 신화와 함께 국가숭배는 하나의 국가종교입니다. 이것은 인종차별적 경멸과 폭력을 자극시키거나 정당화시킵니다. 이것은 단지 전체주의적 국가의 사실이 아닙니다. 그러나 나는 역시 한편으로는 문화자본의 분배 위에 기초하여 사회질서의 정당화를 위해 경쟁할 수 있는 대체의 우상으로서의 예술과 과학의 신앙을 생각합니다. 아무튼 우리는 적어도 마술의 유혹을 물리치게 하는 사회과학을 기대합니다. 그런데 그 자신을 무시하는 무지는 자연세계의 관계에서 축출당해 사회세계의 관계 안에 있습니다. 실제에 대한 응전은 잘못 조명된 선의, 혹은 이상주의적 자원주의(volontarisme)에게 가혹한 것입니다. 그리고 화려한 사회과학으로 주장하는 정치적 기도의 비극적 운명은 다음과 같은 것을 상기시켜 줍니다. 기원을 알지 못한 채 사회세계를 전환시키려는 마술적 야심은 때때로 더 비인간적이고, 또 다른 폭력에 의해 대체됩니다. 이 폭력은 거드름 피우는 무지가 파괴한 메커니즘의 '내적 폭력'입니다.

사회학은 다른 학문과 같이 과학이 되어가는 과정 중

특별한 난관의 특성을 갖고 있는 학문입니다. 왜냐하면 그것은 지식의 거부와 타고난 지식의 환상이 대립하지 않고 연구자와 실천가에 있어서 완벽하게 공존하기 때문입니다. 단지 엄격하게 비판적인 경향만이 언어 속의 전제를 통해서나, 혹은 사회문제에 대한 일상적 담론의 관습에 내재해 있는 전구성(préconstruction)을 통해서, 즉 연구자와 사회세계간에 끊임없이 개입하는 안개처럼 자욱한 말들을 통해서 과학적 담론에 스며들어 있는 실천적 확신을 무너뜨릴 수 있습니다. 일반적으로 언어는 관계·상태·과정보다 사물을 더 쉽게 표현합니다. 예를 들어 누가 권력을 가지고 있다고 말하거나 오늘날 누가 실제로 권력을 지니고 있는지 자문해 보는 것은 권력을 실체처럼, 즉 어떤 자가 갖게 되고 보존하여 전해 주는 물건처럼 생각하는 것입니다. 그것은 (정치학의 고전적 주제처럼) '누가 통치하는지' 혹은 누가 결단하는지를 결정하는 것을 묻는 것입니다. 그것은 권력이 실체로서 어딘가에 있다는 것을 인정하면서 그것이 위로부터 오는지, 혹은 상식적으로 말해서 밑으로부터, 즉 피지배자들의 속견(俗見, le doxa)에 의한 이율배반적인 전복으로부터 오는지를 묻는 것입니다. 사물적 환영과 인격적 환영은 대립되지 않으면서 짝을 이룹니다. 개인(인격)·내재성·유일성과 사회(사물)·외재성 등 대립적으로 구성되는 많은 거짓 문제들을 열거하자면 끝이 없습니다. 개인·개인적인 것·개인주의에게 절대적 가치를 부여하는 사람들과 사회·사회적인 것·사회주의에 우선권을 주는 사람들간의 윤리정치학적 토론은 이론적 논쟁의 뒷전에 있습니다. 이 이론적 논쟁은 사회현실·집단 혹은 제도를 객관적인 현실이 없는 이론적 가공물에 환원시키는 명목론과, 추상을 사물화하는 실체론적 사실주의 사이에서 끊임없이 생성됩니다.

정상적 사고에 대한 반대의 함의성, 즉 표명하는 집단들간의 모든 대립적 힘만이 과학적으로 거의 치명적인 양자택일을 극복하기 위하여 필요한 작업이 의외로 어렵다는 것을 설명할 수 있습니다. 사회적 기반을 갖고 고무된 공통적인 사고를 향한 집단적 퇴행에 대항하여, 이 작업은 끊임없이 다시 시작되어야 합니다. 사회적 사실을 관계로 다루기보다 사물이나 사람처럼 다루기가 더 쉽습니다. 따라서 자발적 역사철학과 두 학자의 공통적 전망과의 결정적인 단절은 개인과 구조간의 관계를 거론하면서 학문적 토론의 길을 열었습니다. 두 학자의 전망이란 페르낭 브로델의 '장구한 기간'의 역사현상의 분석, 그리고 클로드 레비 스트로스의 부계체계 혹은 상징체계만큼 대상에 대한 저항적·구조적인 사고방식의 적용을 말합니다. 그리고 특히 이 단절의 선택은 역사실록의 한 부분으로 씌어지기를 거부하도록 하였습니다. 간단히 말해서 그것은 학문에 포함시키지 않고, 하부구조의 역사와 실록의 대립명제, 거시사회학과 미시사회학의 대립을 극복하도록 하지 않고 역사를 옛것으로만 취급하는 모든 태도를 거부합니다. 우연이나 신비에 실천의 실제 세계를 유기하는 것을 감수하면서, 사실상 사회공간의 구조적 역사에서 '위대한 인물들'을 만드는 여러 성향들이 작동하는 사회공간에서 찾아야 하는 것들은 권력의 장, 예술의 장, 지식의 장, 혹은 과학의 장입니다. 그리고 경제적·인구학적 하부구조의 감지할 수 없는 완만한 움직임들과 정치·문학, 혹은 예술의 역사에서 날마다 연대기에 기록되는 표면적 동요 사이의 간격을 메우는 방법을 찾아야 합니다.

　예술가·학자·행정가의 역사적 행위의 원리는 노동자와 하급공무원의 역사적 행위의 원리처럼 외재성 속에 구성된 대상, 즉 사회에 대항하는 하나의 주제가 아닙니다. 그것은 의식이나 사물에 있지 않고 사회의 두 가지 상태, 즉 제도의 형태로서 사물 속에 객관화된 역사와, 제가 아비튀스(Habitus)라고 부르는 지속적 성향들의 체계의 형식으로 신체에 육화된 역사 사이의 관계에 있습니다. 신체는 사회 속에 있고, 사회는 신체 속에 있습니다. 훈련으로 실현되는 사회의 신체화는 사회적으로 성공한 행위와 당연한 것처럼 보이는 이 세계의 정상적 경험이 가정하는 사회세계 속의 현존의 기본이 됩니다. 매우 긴 논문으로 씌어질 진정한 사례연구만이 사회세계의 정상적 전망과 단호한 단절을 보게 할 것입니다. 그 연구는 개인과 사회의 순수한 관계를 사회존재의 두 양태, 즉 아비튀스와 장, 신체를 만드는 역사와 사물을 만드는 역사 사이에 구성된 관계로 대체합니다. 모네·드가 그리고 피사로 사이의 관계, 혹은 레닌·트로츠키·스탈린 그리고 부카린 사이의 관계, 혹은 사르트르·메를로 퐁티 그리고 카뮈 사이의 관계에 대한 연대기를 논리적 연대 속에서 완전하게 파악하고 구성하기 위하여, 사실상 부분적으로 독립적인 이 쌍들의 근원에 대한 충분한 지식을 가져야 합니다. 물론 자율적 공간 위에 작용하는 상황적 혹은 구조적 제약을 잊지 않고, 한편으로는 이 대립자들의 생산 혹은 지속적 성향들의 사회적 조건이자, 다른 한편으로는 이 대립자들이 속해 있는 각 경쟁의 장, 즉 예술의 장과 정치의 장 혹은 지식의 장의 특수한 논리를 이해하여야 합니다.

이 특수한 세계들을 장으로서 생각하는 것은, 그들의 역사적 특수성의 가장 특수한 내막으로 들어가는 방법을 갖는 것입니다. 그것은 가장 치밀한 역사가가 하는 방법대로, 혹은 바슐라르의 말대로 '가능성의 특수한 경우'를 식별할 수 있는 방법으로 그것들을 구성하면서, 혹은 더 간단히 말해서 관계구조 속에서 지형을 구성하는 방법입니다. 다시 말해서 관여적 관계들에 주의해야 한다는 이유는, 마치 고유한 이름을 가지고 있는 개인들이나 법인체처럼 명명되거나 단일한 심벌에 의해 구성된 집단처럼 직접적으로 가시적인 현실 사이에서 그것이 흔히 얼핏 봐서 보이지 않으며 간파되지 않기 때문입니다. 따라서 우리는 전위적 비평가와 문학교수 사이에서 야기되는 논쟁을 생각할 수 있습니다. 그것은 마치 '저자(auctor)'와 '독자(lector)' 사이의 전통적 대립, 예언자와 성직자 사이의 대립 외에 다름 아닌 관계의 특수한 형식입니다. 이러한 논쟁이 자료의 비교와 일반화를 위한 적절한 원리에 의해 방향을 잡을 때 일상적인 독서 그 자체는 학문적 행위가 될 수 있습니다. 푸앵카레는 수학을 '다양한 사물들에 같은 이름을 지어 주는 기술'이라고 했습니다. 마찬가지로 사회학은 다양한 현상적 사물들을 구조와 기능의 유사성으로 생각하는 기술입니다. (수학자들은 사회학을 수학에 빗대어 말하는 무례함을 용서하기 바랍니다.) 그리고 그것은 구성된 대상에 대하여 고착된 것을 일련의 새로운 대상으로, 예를 들면 종교의 장, 예술의 장, 혹은 정치의 장 등으로 전환시키는 기술입니다.

이같은 종류의 이론적 추론은 물질적 가변성 속에

형식적 불가변성의 가정 아래 일반화를 가능케 하고, 경험적 추론이나 통찰과는 전혀 관계가 없습니다. 비교방법에 의해 추론하는 사고방법의 효율성 덕분에 사회학은, 라이프니츠의 말대로 '확장되어 감에 따라 집중되어 가는' 다른 학문과 같이, 개념과 이론적 가정들을 점점 줄여 가면서 점점 더 확장되어 가는 대상을 이해할 수 있게 됩니다.

장의 개념적 사고는 단지 가시적인 사물에만 의존하는 사회세계에 대한 모든 일반적 전망이 전환되기를 요구합니다. 일반적 전망은 '실제적인 존재(ens real-issimum)'인 개인에게 중요한 이데올로기적 이익을 연결시키고, 집단을 성원 사이에 일시적이거나 혹은 지속적·비공식적 혹은 제도화된 관계에 의해 외양적으로 정의할 뿐입니다. 심지어 그 관계는 '상호작용적', 즉 실제로 이루어진 상호주관적 관계처럼 확장된 관계가 됩니다. 사실상 중력에 관한 뉴턴의 이론은 충격·직접적 접촉 이외의 물리적 행위양식을 인정하지 않으려는 데카르트식 사실주의와의 단절 위에서만 성립할 수 있었습니다. 마찬가지로 장의 개념은 '사회환경'의 영향을 상호작용에 적용하는 직접적 행위의 효과로 환원시키는 사실주의적 표상과의 단절을 전제합니다. 상호작용의 가시적 관계와 행위자의 경험의 내용이 갖는 형식을 명령하는 것은, 장의 공간을 구성하는 관계들의 구조입니다.

행위자가 행동하는 관계의 공간에 대한 관심은 역사철학과의 분명한 단절을 내포합니다. 역사철학은 일상생활에, 혹은 보통언어의 준(準)지식에, 혹은 정치적 논쟁에 관련된 사고의 습관에 배어 있습니다. 어떤 희생을 감수하더라도 이 원인 제공자들을 찾아내야 합니다. 제도와 집단을 가리키는 말들에서 발생하는 오류와, 신비화 혹은 신비스러운 것들은 셀 수 없을 정도입니다. 그것은 국가·부르주아지·후원집단·교회·가족·학교를 가리키는 말들이 '국가는 결심했다,' 혹은 '학교가 제거하였다' 라는 형태의 주체로서, 혹은 그 결과 그들의 고유한 목적을 제시하고 실현시킬 수 있는 역사적 주체로서 구성될 수 있다는 사실에서 발생합니다. 이러한 과정의 의미와 목적은, 엄밀히 말하자면 눈이 멀거나 불안정한 사람에 의하지 않고는 그렇게 생각되고 제시되지는 않습니다. 이러한 과정은 더 이상 사람처럼 인식된 창조자의 의지가 아니라, 모든 것을 정당화할 수 있는 최종 원인처럼, 그리고 아무런 설명 없이 최소한의 대가로서 기능하는 집단이나 제도의 의지와 관련된 것입니다. 우리는 노베르트 엘리아스의 유명한 분석에 의존하여 다음과 같이 제시할 수 있을 것입니다. 이 신학적·정치적 전망은 그것을 확인하기 위해 외양적으로 가장 잘된 경우에서조차 정당화되지 않습니다. 즉 그것은 '짐이 곧 국가이다'라는 가장 최고의 위치로서, 군주 그 자신으로 표현되는 중세국가의 경우입니다. '(국가)장치'의 모습은 특권화된 위치가 세력 균형에 의해 발생한 가장 큰 부분의 에너지를 발산할 수 있게 할 때, 절대권력의 소지자 그 자신도 속한 중력의 장처럼 기능하는 사회에서 보이는 것입니다. 장을 움직이는 끊임없는 운동의 원리는 태양왕(루이 14세)과 같은 절대군주처럼 불변의 원동력에 있지 않고, 장의 구성적 구조(왕자·공작·후작 등간의 서열의 다양함)에 의해 생산되며, 또 이 구조를 재생산하는 경향을 가진 긴장 속에 있습니다. 그것은 행위자의 행위와 반응 속에 있습니다. 다시 말해서 행위자는 게임에서, 즉 장 속에서 그의 위치를 유지하거나 향상시키기 위하여 투쟁할 수밖에 없는 선택을 갖고 있습니다. 그리하여 그는 흔히 견딜 수 없을 정도로 체험되는 대립적 공존에서 발생하는 제약을 다른 행위자들에게 가합니다.

중력의 장 속에서 차지하고 있는 태양의 위치와 마찬가지로 왕은, 그를 위해 움직이도록 구조화된 세계로부터 이익을 취하기 위하여 우주체계 자체를 생각할 필요조차 느끼지 않습니다. 일반적으로 지식의 장, 혹은 종교의 장과 마찬가지로 권력의 장 속에서 지배자들은 장의 내재적 힘들을 생산하거나 지휘하기보다는 신의 교의적 환상을 표현하는 사람들입니다.

이미 고전이 된 질베르 다그롱의 분석에 있는 콘스탄티노플 원형경기장의 예를 들 수 있을 것입니다. 정치적 장의 계열적 선택관계의 실현이 사회로 제도화된 게임의 공간형식 속에 나타난다는 것은, 아마 우연이 아닐 것입니다. 즉 그것은 황제의 정당성에 이의를 제기하거나, 의례적으로 이를 인정하는 힘을 가진 민중을 국민의회로 주기적으로 변환시킵니다. 모든 사회행위자들, 즉 황제·상원의원·고급공무원·다양한 당파 속의 민중이 일정한 자리를 갖고 있는 제도적 공간은, 위치를 점하고 있는 자들의 그 어떤 속성들을, 그리고 이들과 대립하는 경쟁과 갈등의 관계를 '생산합니다.' 닫힌 장 속에서, 청백의 두 진영이 스포츠적인 경쟁과 정치투쟁의 논리에 따라 의례적으로 대결합니다. 일종의 제도화된 형식처럼 이러한 사회형식의 자율성은 양 진영을 초월하여 발생하는데, 이는 이러한 대립에서 정확하고 항구적인 사회적 혹은 정치적 토대를 발견하려는 노력을 실망시키면서, '모든 성격의 갈등의 표현이 준비되었다'는 사실에서 확인됩니다.

이같이 전형적인 사회적 게임의 경우가 보여 주듯이, 사회학은 역학의 한 부분이 아니고, 사회적 장은 힘의 장일 뿐만 아니라 이 장을 변형시키거나 유지하기 위한 투쟁의 장입니다. 행위자들이 게임에서 유지하고 있는 실천적 혹은 사고적 관계는 게임에 속해 있고, 그 변화의 원리일 수 있습니다. 다양한 사회적 장들, 즉 궁정사회·정당의 장·기업의 장 혹은 대학의 장은 행위자들이 그 안에서 투자하는 만큼 기능합니다. 즉 달리 말하자면, 그들의 자원을 거기에 참여시키고 게임에 따르며, 대립관계로 어떤 조건하에 변화하는 구조를 유지시키는 데에 기여합니다.

우리는 다양한 장들이 제공하는 하나의 사회적 게임에 항상 다소간 접하고 있기 때문에, 행위와 노동을 향한 본능적 성향이 있다고 가정하지 않는 한 전혀 자연스럽지 않은 행위가 왜 일어나는지 묻지 않을 수 없습니다. 고급공무원을 뛰게 하는 일이 연구가에게는 무관심한 것으로, 그리고 예술가의 투자는 은행가에 알려지지 않은 채 남아 있다는 사실을 우리는 경험으로써 잘 알고 있습니다. 말하자면 게임에 따르고, 이익을 취하기 위하여 돈·시간과 때때로 명예와 목숨까지 투자하는 책임 있는 행위자로 처신하는 개인들이 있을 때 장이 기능할 수 있습니다. 그런데 이익은 다른 시각에서 보자면 항상 환영적으로 보일 수 있습니다. 그것은 아비튀스와 장 사이의 존재론적 공모의 관계 위에 있기 때문입니다. 장은 게임에 들어가서, 게임에 빠지는 '환영(l'illusio)'의 원칙입니다.

　파워게임(enjeux)이 발생하고 가치들이 형성되는 것
은 게임(jeu)과 게임(jeu)의 감각 사이의 관계입니다.
여기서 가치는 비록 이 관계의 밖에 존재하지 않지만,
이 관계 안에서 필요성과 절대적 증거로 부과됩니다.
물신주의의 기본적 형태는 모든 행위의 원동력입니다.
우리가 때때로 동기라고 부르는 원동력은 순진한 목적
론처럼 행위의 물질적 혹은 상징적 목적에 있지 않고,
기계론적 관점에서 보는 장의 구속요인에도 있지 않습
니다. 그것은 아비튀스와 장 사이의 관계에 있는데, 장
은 아비튀스가 그를 결정하는 것을 결정하는 데에 기
여하게 합니다. 신성은 완전한 초월과 같은 신성과 접
한 신성의 의미를 가질 때 신성일 뿐입니다. 모든 종류
의 가치들도 마찬가지입니다. 우리가 게임을 밖에서,
즉 게임이나 파워게임에 아무것도 투자하지 않는 공평
한 방관자의 시각에서 이해할 때, 게임에서 투자 의미
의 '환영(illusio)'은 그 자신을 속이는 행위의 근원적
의미에서, 또 파스칼의 오락의 의미나 사르트르의 나쁜
신념의 의미에서 환영이 됩니다. 자신을 모르는 이 이
방인의 시각은 투자가 탄탄한 환영이라는 것을 모르게

합니다. 사실상 그가 제시하는 사회적 게임을 통하여, 사회세계는, 행위자들에게 명백한 파워게임과 행위의 현재적 목적 그 이상을 제공합니다. 사냥은 포획만큼, 혹은 그 이상 중요합니다. 봉급·가격·보상·트로피·자격·직능 등과 같이 공개적으로 추구한 이익을 초월한 행위의 이익이 있습니다. 이것은 무관심을 벗어난 사실에 있습니다. 그것은 마치 행위자가 게임에 들어와서 자리매김되고, 사람이 사는 이 세계의 주민이 되어 목적을 향해 정향되고, 사회임무를 객관적으로 혹은 주관적으로 부여받는 것입니다.

사회적 기능들은 사회적인 허구입니다. 제도의 의례들이 왕·기사·신부, 혹은 교수를 제도화하여 '만드는' 것입니다. 다시 말해서 의례들은 행위자에게 도덕적 인물로서, 즉 전권사절·위임자 혹은 집단의 대변인으로서 사회적 이미지를 부여하고, 그가 할 수 있고 해야만 하는 표상을 구성합니다. 그러나 그것들은 다른 의미로 그를 만듭니다. 즉 이름·지위를 부여하여 그를 정의하고 제도화·법제화하면서, 의례들은 그가 무엇이 되기를 명하고, 그가 기능을 '수행하고' 게임에 즉 허구에 들어와 게임을 하도록 합니다. 각자가 사회 속의 자신의 기능에 순응하도록, 그리고 사회적 성격에 일치하게 살도록 공자(孔子)가 '이름의 정당화'에 대한 원리를 말할 때, 그는 제도의 모든 의례들의 진실을 말하고 있는 것입니다. 공자는 "군주는 군주처럼, 신하는 신하처럼, 아버지는 아버지처럼, 자식은 자식처럼 행동하여야 합니다"고 주장하였습니다. 신체와 마음을 기능에 집중시키면서, 기능을 통하여, 중세 율법학자가 말하듯이, 대학(universitas)과 중등학교(collegium)·조합(societas)·컨소시엄(consortium)은 신체를 구성합니다. 합법적인 상속자·공무원·고관은 이미 존재하는 기능을 따르도록 '불멸의 자격(Dignitas non moritur)'이라는 기능의 영원성을 확인시켜 주는 데에 기여합니다. 즉 육화하는 신비한 신체의 영원성을 확인시키고, 동시에 그의 영원함에 참여하는 것입니다.

사회학이 형성되기 위하여, 비록 그것이 사회적 차등을 인류학적 불변수로 환원시키면서 자연화시키는 경향이 있는 모든 형태의 생물학주의를 거부해야만 하더라도, 사회학은 그것이 육체적 존재의 보편적 특징들의 일부를 고려해야 하는 조건에서만 더 본질적인 사회적 게임을 이해할 수 있을 것입니다. 여기서 보편적 특징들이란 분리된 생물학적 개인상태의 존재, 혹은 어떤 공간과 시간 속에 격리된 존재라는 사실, 혹은 살다가 죽을 운명을 아는 것, 그리고 실증주의적 인류학의 명제 속에 전혀 들어갈 수 없는 과학적으로 증명된 속성들입니다. 죽을 운명은 종말로 간주되지 않지만, 인간은 존재이유가 없는 존재입니다. 단지 사회만이 다양한 수준에서 합리화와 존재이유를 제공합니다. 사회는 사람들이 '중요하다'고 말하는 사건 혹은 위치를 생산하면서, '중요하다'고 판단되는 행위와 행위자를 생산합니다. 그 자신과 다른 사람들을 위해 그들의 가치가 객관적이고 주관적으로 확인된 인물들은 냉담해지고 평범해집니다. 마르크스의 빈곤의 철학은, 진보사상과 전통적으로 연결된 자원적 낙천주의보다는 베케트의 빈털터리의 보잘것 없는 노인들의 비탄에 더 가깝습니다. 파스칼이 신 없는 인간의 미천함을 말했듯이, 사회적 임무도 사회적 인정도 없는 인간은 미천합니다. 사실상 뒤르켐이 말한 바 "사회는 신이다"까지 인용할 필요 없이, 저는 "신은 전혀 사회가 아니다"라고 말할 것입니다. 신에게 기대하는 것은 사회에서 전혀 얻을 수 없습니다. 우리는 사회로부터 유일하게 인정하는 힘, 인위성·우연성·부조리를 제거하는 힘을 얻을 수 없을 것입니다. 그러나 단지 차등화되고 구별되는 방식에 근본적인 모순이 있습니다. 모든 신성은 세속적인 부분을 지니고 있고, 모든 구별은 통속성을 만듭니다. 무의미를 벗어나 알려지고 인정된 사회적 존재를 위한 경쟁은 삶과 상징적 죽음을 위한 생사의 투쟁입니다. 카바일족(Kabyle)은 "인용하는 것은 부활하는 것입니다"라고 말합니다. 즉 타인들의 판단은 최후의 심판이고, 사회적 배척은 지옥과 저주의 구체적 형태입니다. 그것은 역시 인간은 인간에 대한 신이자, 인간에 대한 늑대이기 때문입니다.

특히 사회학자들이 역사에 대한 종말론적 철학의 신봉자들일 때, 그들은 사회에 의미를 주며 설명하고, 나아가 질서를 세우고 목적을 정해야 하는 사회적 위임을 느낍니다. 사회학자들은 사회적으로 가치가 없는 사람들의 참담함을 이해하기 위해 더 좋은 위치에 있는 것이 아닙니다. 사실상 병원과 양로원에서 사회적 죽음에 처한 노인들의 슬픈 분개, 실업자들의 말없는 굴종, 혹은 사회적 존재로 인정하는 형식에 접근하는 수단을 위반의 행위 속에서 찾는 청소년들의 절망적 폭력 등이 문제입니다. 그리고 아마도 그들은 다른 모든 사람들처럼 자기 인정을 위한 사회적 임무의 환영을 매우 필요로 하고 있습니다. 그러나 그들은 모든 중요한 사회적 상벌체계가 이루는 과도한 권력에 대해 진정한 기초를 발견하기 힘듭니다. 사회적 상벌체계에는 모든 상징적 인정의 표시로 훈장·십자가·메달·상뿐만 아니라, 생생한 '환영(illusio)'의 사회적 지원으로 임무·기능·소명·위임·장관직과 법관직 등이 있습니다.

모든 임무와 봉사에 관한 진실을 투명하게 아는 것은 회피나 포기를 의미하지 않습니다. 우리는 환영 없이 의식적이고 신중한 결단으로 게임에 항상 들어갈 수 있습니다. 사실상 일반적 제도들은 그만큼도 요구하지 않습니다. 소크라테스에 대해 메를로 퐁티가 한 말이 생각납니다. "그는 법에 복종해야 하는 이유를 제공한다. 그러나 그는 너무 많은 복종할 이유를 가지고 있다. ……그에게 기대하는 것은 바로 그가 줄 수 없는 것이다. 즉 법조문에 의거하지 않고 사물현상 자체에 대해 동의하는 것이다." 기존 질서에 깊이 관련된 사람들이 사회학을 전혀 좋아하지 않는다면, 그것은 사회학이 기본적 연대에 대해 하나의 자유를 도입하여 순응조차 이단과 풍자의 분위기를 갖게 만들기 때문입니다.

취임강의의 사회학에 할애한 사회학의 취임강의에 대한 강의는 이러한 것입니다. 그 자신이 대상이 되는 (사회학적) 담론은 어떤 행위에 의해서도 대치될 수 있는 대상에는 관심을 덜 둡니다. 그러나 그것은 진행 중인 것에 준거하는 항상적 작용과, 또 단순히 하는 일이 '전부'가 되게 하는 사실과 구별하는 것에 관심을 둡니다. 이같이 될 때 이 성찰적 회귀는 이 강의의 상황처럼 기이하고 무례한 면을 가지고 있습니다. 그것은 매력을 깨고 환상을 깨뜨리는 것입니다. 그것은 단순한 것을 잊도록, 또 잊게 하도록 하는 것에 관심을 둡니다. 그것은 연설적 혹은 수사학적 효과들을 조사합니다. 미리 씌어진 텍스트를 즉흥적인 투로 읽는 것과 같이, 효과들은 강사가 강의에 완전히 몰두해 있다는 것, 그가 말하는 것을 믿고 그가 투자하는 의무에 완전히 충실하다는 것을 증명해 보이려고 합니다. 따라서 그것은 강사만큼이나 청중에게서 제도의 원활한 기능의 일반적 조건인 믿음을 없애려고 위협하는 거리를 둡니다.

그러나 제도에 대한 이 자유는, 아마도 자유의 제도에 어울리는 유일한 경의입니다. 이 자유는 모든 학문과 특히 제도에 관한 학문의 조건인 제도들에 대한 자유를 항상 옹호합니다. 또한 이 자유는 사랑받지 못하고 덜 안정된 학문을 받아들이기로 한 사람들에게 승인의 유일한 증거입니다. 그리고 이들 가운데 나는 앙드레 미켈을 포함시키지 않을 것입니다. 강의를 하기 위하여, 즉 모든 강의에 대하여 자유로운 강의를 하기 위하여, 권위를 갖고 말한다는 것은, 다시 말해서 권위를 갖고 말하기 위하여 권위의 위치를 사용한다는 이 율배반적 기획은 단순히 자가당착적이고 나아가 자기 파괴적입니다. 믿음에 대한 학문을 하는 야심 그 자체가 학문 속에 믿음을 가정하지 않는다면 말입니다. 이 같은 발화가 지니고 있는 권력의 원리조차 말하거나 비난하는 이율배반적 발화보다 더 냉소적이고 권모술수적인 것은 없습니다. 사회학자가 가능성에 믿음을 갖지 않고, 사회학이 제공하는 제도에 대하여 자유를 보편화하는 필요성에 믿음이 없다면, 그리고 상징적 권력의 최소한의 불법성에 대해 해방적 덕목을 믿지 않는다면, 또한 제도에 대한 모든 신앙심의 매력을 만드는 신념, 혹은 나쁜 신념의 얇은 장막을 파괴하는 위험성을 보인다면, 그는 사회학자가 아닙니다. 즉 과학은 오인이 끊임없이 창조하고 재창조하는 거짓 초월성의 통제를 사회주체들에게 되돌려 줄 능력이 있는 상징적 권력의 과학적 형식을 취하여야 한다는 것입니다.

부르디외 사회학에의 초대

1

사회학자 피에르 부르디외는 1930년 프랑스 남부 오트 피레네 지방의 당겡에서 우체국 직원의 아들로 태어났다. 그는 포의 고등학교 시절 파리에 이주하여 명문 루이 르 그랑 고등학교에 다녔다. 이어 부르디외는 프랑스 최고의 명성을 누리고 있는 파리 고등사범학교에서 25세에 철학 교수 자격증을 받았다. 그후 그는 물랭 고등학교에서 잠시 교편을 잡다가, 알제리 대학 조교와 릴 대학 조교수를 거쳐, 1964년 34세에 파리 고등연구실천학교에 주임교수로 부임하였다. 부르디외는 이후 대학원 대학교로 변한 사회과학고등연구학교에서 강의를 하면서, 이 대학 부설 유럽사회학 연구소에서 1975년 창간한 《사회과학연구지》와 여러 저서를 통해 왕성한 지적 활동을 보이고, 때로는 뜨거운 논쟁을 촉발시키면서 프랑스 학계와 지성계에 큰 영향을 끼쳤다. 68혁명 세대 지식인으로서 사회비판적 사회학이론을 구축하면서도 현실참여에 있어서는 적극적이지 않던 부르디외는, 90년대 이후부터 국가정책과 노동파업에 개입하기 시작하였다. 현실비판적 전망의 대중적 확산을 위하여, 그는 1996년부터 자유-행동하는 이성(Liber-Raison d'agir) 출판사를 창사하여 뜻을 같이하는 지식인들과 연대하여 일련의 대중교양 문고판을 펴내 폭발적인 반응을 일으키고 있다. 이미 그는 프랑스뿐만 아니라 전세계 지성계에서 드높은 명성을 날리는 학자-지식인이 되었다.

2

부르디외는 《알제리 사회학》(1958)을 시작으로 , 《알제리의 노동과 노동자들》(1963) · 《뿌리뽑기》(1964)에 이르기까지 인류학, 민속학적 조사분석과 사회학적 분석의 연구물들을 연달아 펴내면서 학문세계에 발을 디뎠다. 대학생의 불평등적 문화구조를 조사연구한 그의 《상속자들》(1964)은, 68년 5월 학생혁명에 큰 영향을 주기도 하였다. 부르디외는 사진찍기와 예술박물관 관객에 대한 각각의 연구 《보통예술》(1965)과 《예술에의 사랑》(1966)에서 계급구별적 문화를 확인하였다. 교육을 통한 계급문화의 재생산 메커니즘을 발견하고 이론화한 《재생산》(1970)과 또한 중요한 이론서 《실천이론 개요》(1972)·《구별》(1979) 등을 출간하면서 부르디외는 독특한 사회학 이론으로 학문적 논쟁을 야기하면서 문화적, 사회적으로 큰 영향을 끼치는 중요한 지식인으로 프랑스 지성계에 자리 매김되었다. 1982년 그가 레이몽 아롱의 뒤를 이어 가장 명예스런 콜레주 드 프랑스 사회학 강좌 교수로 임명된 후에도 그의 지적 활동은 실로 매우 왕성했다. 주요 저작들을 대략 열거해 본다면, 《말하기의 의미》(1982)·《호모 아카데미쿠스》(1984)·《국가귀족》(1989)·《예술의 규칙》(1992)·《텔레비전에 대하여》(1996)·《파스칼적 성찰》(1997)·《맞불》(1988)·《남성 지배》(1998) 등이 있다. 현재까지 부르디외는 30여 권에 달하는 방대하고도 깊은 사유가 담긴 저서들을 남겼다.

3

사회학이란 무엇인가? 콜레주 드 프랑스 취임강의에서 부르디외는 강의의 의미를 묻는 것을 화두로 그의 사회학을 소개하기 시작한다. 교수가 청중 앞에서 강의를 하고 청중이 이를 받아들이는 과정은 어떠한 사회적 조건에서 가능하게 된 일일까? 이 점에서 이 강의는 강의에 대한 사회학적 강의로 시작한다. 이 화두를 통해 부르디외가 말하고자 하는 바는, 모든 학문적·과학적 담론을 둘러싼 사회적 메커니즘의 구조를 사회학적으로 밝히는 것이다. 결국 이 강의는 사회학이란 학문의 내용과 그 정체성 및 사회학자의 역할에 대해 설명하는 사회학 강의이다.

부르디외가 보기에는 강의를 하는 행위는 특정한 권한을 부여받은 인간의 상징적 행위와 제도화의 의례적 과정 중 하나이다. 사회학자가 학문적인 권위를 가지고 성과 계급·지역·국가 등을 정의하면서 그 경계를 짓는 것처럼, 사회공간과 사회질서는 사회행위자들이 그것을 분류하며 경계를 짓고 그 표현을 독점하고 '정당화'하는 '분류투쟁'의 차원에서 형성되어진다. 부르디외는 이러한 과정을 사회학의 연구대상으로 삼아야 한다고 한다. 즉 사회학은 분류투쟁의 특수한 논리와 세력관계, 그리고 그 변화의 메커니즘에 대한 분석을 해야 한다는 것이다.

그런데 사회학자가 보여주는 사실은, 이를 위해 사용된 분류기준 자체와 함께 이러한 상징적 투쟁의 역사적 산물이다. 부르디외에 의하면, 어떠한 과학적 인식과 지식이란 것도 객관적 진리가 아니고 다만 정당화되고 신비화된 '오인'의 결과이다. 즉 그것은 지배적 담론에 대한 암묵적인 사회적 인정의 산물이다. 그리고 이렇게 정당화된, 오인된 지식을 사회적으로 보편화시킬때 그 지식은 하나의 '상징적 폭력'으로서 기능할 수 있다. 그러므로 부르디외에 따르면 사회학자는 이에 대항하여 끊임없이 과학의 지위에 이의를 제기하여야 한다. 다른 사회공간의 행위자들과 마찬가지로 사회학자나 지식인은 이러한 투쟁의 논리 속에서 행동한다. 따라서 과학의 장이나 학문의 장도 하나의 투쟁의 '장(場, Champ)'이요, 진리란 이러한 상징적 투쟁의 게임의 산물인 것이다. 이런 맥락에서 부르디외가 보기에 만하임식의 자유롭고 절대적으로 객관적 입장에 설 수 있는 지식인이란 환영이고, 객관적 진리라는 것도 환영일 뿐이다.

그렇다고 지식인의 역할과 그가 추구하는 진리에 대한 부르디외의 관점이 진리의 극단적 상대주의나 허무주의에 빠진 것은 아니다. 그의 상대주의적 입장은, 다만 어떤 하나의 과학적 담론이 세력관계의 게임에 의하여 절대진리화하여 모든 것을 설명하고 예언하는 구심점이 되어 널리 강요되는 상징적 폭력의 메커니즘을 폭로하기 위해서 취해진 것이다. 즉 부르디외는 하나의 담론이 생산되고 정당화되고 도구화되는 사회적 메커니즘을 보여 줌으로써 사회학자가 취해야 할 '인신론적 경계'를 강조한다.

한편 방법론적인 면에서 부르디외는 사회학적 연구가 집단이나 계급·제도를 실재하는 것처럼 보는 실재론적 관점과, 이를 추상화하여 이론적 가공물로 보는 명목론적 관점의 양자택일적 상황을 극복해야 한다고 주장한다. 그에 따르면 사회를 사물이나 사람처럼 다루어서는 안 되고, 사회공간의 구조 속에서 다루어야 한다. 왜냐하면 사람의 행위의 원리는 의식이나 사물 속에 있는 것이 아니라, 제도의 형태로 사물 속에 객관화된 역사와 '아비튀스(Habitus)'라는 지속적인 성향들의 체계의 형식으로 신체에 내재화된 역사 사이의 관계에 있다고 본다. 결국 그의 사회학적 관점은, 사회는 신체 속에 있고 신체는 사회 속에 있다는 개인과 사회의 통합적 관점이다. 그의 관점은 개인과 사회의 관계를 아비튀스와 장, 즉 신체를 만드는 역사와 사물을 만드는 역사로 구성된 관계로 대체한 것이다. 이것은 거시사회학과 미시사회학의 대립을 극복하는 관점이기도 하다.

부르디외의 사회학은 일견 당연하고 자연스럽게 보이는 사회현상의 보이지 않는 구조에 대해 객관적으로 설명하고자 하는 학문이다. 부르디외의 사회학적 연구대상은 개인의 신체 속에 내재화된 지속적 성향들의 체계와, 이 체계 생산의 사회적 조건이다. 요컨대 '아비튀스'와 '장'인 것이다. 위에서 말한 바와 같이 아비튀스와 장은 상호 긴밀히 연결되어 있는 개념이자 분석 차원이다. 아비튀스와 장의 상호관계는 가시적이고 실재하는 관계가 아니라 보이지 않는 관여적 구성관계이다. 부르디외는 사회학이 가시적 사물이 아닌 이러한 비가시적 관계를 구조와 기능의 현상 차원에서 생각하고 기술하는 학문이라고 말한다. 그에 따르면 개인과 개인, 혹은 개인과 사회의 관계는 실제로 일어나는 상호주관적인 상호작용의 관계가 아니다. 그 관계는 상호작용의 가시적 관계와 경험적 내용의 형식을 명령하는 장의 공간을 구성하는 관계들의 구조로 파악되어야 한다. 이 점에서 행위관계의 공간과 그 구조에 사회학적 관심은 자연히 행위 주체를 강조하는 역사철학적 전통과 단절된다. 개인뿐만 아니라 가족·부르주아·국가도 행위의 주체나 행위의 최종 원인이 아니다.

부르디외에 의하면 행위자들은 무의식적인 성향체계에 의하여 장 속에서 행위를 한다. 장 속에서 행위자가 자리매김되고 사회적 기능을 하는 것은 일종의 게임과 같다.

행위자는 환영(illusion)과 같은 게임에 몰입되어 행위한다. 따라서 제도나 의례 같은 환영이 예컨대 교수의 지위를 부여하고 제도화하여 교수를 만드는 것이다.

장 속에서 일어나는 게임은 경제자본, 문화자본 등 상이한 자본을 가지고 대립적 위치에 놓인 행위자들의 행위관계이다. 이 행위자들의 경쟁적, 대립적 관계는 행위구조의 변화와 장의 변화의 원인이 된다. 사회공간은 의식적 전략으로 이 장의 구조를 유지하거나 변화시키려고 대립하는 행위자들의 투쟁의 공간이다. 이렇게 볼 때 부르디외에 있어서 결국 행위라는 것은 위에서 언급한 아비튀스와 장에 의하여 일어나는 것이다. 또한 행위자들의 행위와 반응이 다시 아비튀스와 장의 구성적 구조를 생산하거나 재생산하는 것이다. 이러한 맥락에서 부르디외는 아비튀스를 구조화된 구조이면서 동시에 구조화하는 구조라고 말한다. 아비튀스는 단순히 행위를 재생산하는 기제가 아니라 장 속에서 상황적·선택적 전략을 가능케 하는 기제인 것이다.

한편 부르디외의 사회학 이론은 그렇게 추상적이지만은 않다. 그것은 현실문제와 관련된 사회학자의 실천의 문제까지 다루기 때문이다. 그의 인식론 비판은 동시에 사회현실 비판에 이어지고 있다. 이에 따라 사회학자의 비판적 역할 또한 강조되고 있다. 사회학자는 사회에 의미를 주고 질서를 세우고 목적을 정해야 하는 책임감을 느낀다. 그리하여 부르디외는 빈곤·실업자·청소년 문제 들을 거론하면서 기존 질서에의 순응하는 지식인보다는 풍자와 비판을 하는 이단자의 역할을 한다. 그것이 오인으로서 형성되고 거대해진 상징권력의 폭력으로부터 해방되는 길인 것이다. 오늘날 프랑스에서 부르디외는 일찍이 사르트르가 보여 준 행동하는 참여지식인의 모습을 보여 주고 있다. 그의 성찰적 비판사회학은 그를 상아탑 속에만 머물러 있게 하지 않고, 사회문제의 현장으로까지 이끌어 갔다.

4

이 책은 프랑스 최고의 사회학자 부르디외가 콜레주 드 프랑스의 사회학 강좌를 맡으면서 취임강연을 한 내용을 우리말로 옮긴 것이다. 콜레주 드 프랑스는 16세기에 세워졌는데 일반 대학은 아니다. 콜레주 드 프랑스는 19세기 중엽부터 교육부 산하에 소속된 일종의 특수개방 학교가 되는데 교수는 국가에 의하여 임명된다. 따라서 이곳의 교수로 임명된다는 것은, 학문의 각 분야에서 최고의 학식과 권위를 인정받는 것이라고도 할 수 있다. 역자가 부르디외를 처음 만난 곳도 바로 이 콜레주 드 프랑스에 있는 그의 조그만 연구실이었다. 그 때가 1986년 가을이었는데 부르디외가 콜레주 드 프랑스의 교수로서 한창 그의 학문적 권위와 명성을 휘날릴 때였다. 그의 말은 좀 빠르면서도 어눌한 편이었다. 이 취임강의는 대중 앞에서 그의 독특한 말투로 그의 독특한 사회학을 소개하는 강의가 되었다. 즉 이 강의는 부르디외가 대중을 그의 사회학에 초대하는 성격을 띤 강의이다.

역자는 강연의 현장감을 살리기 위하여 존칭어법을 사용하여 번역하였다. 또한 역자는 현학적인 표현 속에서도 엄격하게 사용되는 말의 의미에 대한 오해를 피하기 위하여 될 수 있는 한 직역을 하려고 노력하였다. 직역이 오역에 대한 면죄부를 주는 것은 아니지만, 부르디외의 말이 원래 어렵고 길다는 것은 누구나 아는 사실이며, 역자는 짧은 번역 실력으로나마 최대한 오역을 줄이려고 노력하였다. 아무튼 번역이 제대로 잘 되었는지, 본래의 의미가 잘 전달되었는지에 대해서는 역자 자신은 자신이 없다. 이미 종합학술지 《세계사상》의 지면을 통해 작년에 번역한 것을 약간 수정한 것이지만, 번역 수준에 대해 역자 자신은 아직도 불만족스럽다. 이 번역판을 읽는 데에 독자의 각별한 인내심과 양해를 구한다. 속죄하는 심정으로, 그리고 부르디외 사회학에 대해 좀더 알고 싶어하는 독자와 연구자들을 위해 이 책의 뒷부분에 〈참고문헌 목록〉을 부록으로 덧붙였다. 이를 참고하여 관련 글들을 읽어서 부족한 이해를 보충하기 바란다.

1998년 12월　현 택 수

참고문헌 목록

1 부르디외의 저서들

1958

Sociologie de l'Algérie, Paris: P.U.F.

1963

Travail et travailleurs en Algérie, Paris/The Hague, Mouton, (avec Alain Darbel, Jean-Paul Rivet et Claude Seibel).

1964

Le déracinement: La crise de l'agriculture tradi-tionnelle en Algérie, Paris, Editions de Minuit, (avec Abdelmalek Sayad).

Les Étudiants et leurs études, Paris, Mouton, (avec

Jean-Claude Passeron).

Les Héritiers: les étudiants et la culture, Paris, ditions de Minuit, (avec Jean-Claude Passeron).

Libre échange, Paris, Editions du Seuil, (avec Hans Haacke).

1965

Un art moyen: essai sur les usages sociaux de la photographie, Paris, Éditions de Minuit, (avec Luc Boltanski, Robert Caste et Jean-Claude Chamboredon).

《사진의 사회적 정의》, 한경애 역, 1989, 눈빛. 원서의 제2장만 번역된 책.

Rapport pédagogique et communication, Paris, Mouton, (avec Jean-Claude Passeron et Monique de Saint-Martin).

1966

L'amour de l'art: les mus es d'art et leur public, Paris, Les Editions de Minuit, (avec Alain Darbel et Daniel Schnapper).

1968

Le métier de sociologue, Paris, Mouton, (avec Jean-Claude Chamboredon et Jean-Claude Passeron).

1970

La reproduction. Eléments pour une théorie du système d'enseignement, Paris, Les Editions de Minuit, (avec Jean-Claude Passeron).

1972

Esquisse d'une théorie de la pratique, précédé de trois études d'Ethnologie Kabyle, Genéve, Droz.

1977

Algérie 60: Structures économiques et structures temporelles, Paris, Les Editions de Minuit.
《자본주의의 아비튀스》, 최종철 역, 1995, 동문선.

1979

La Distinction: critique sociale du jugement, Paris, Les Editions de Minuit.
《구별짓기: 문화와 취향의 사회학 上》, 최종철 역, 1995, 새물결.

1980

Le sens pratique, Paris, Les Editions de Minuit.

Questions de sociologie, Paris, Les Editions de Minuit.

《혼돈을 일으키는 과학》, 문경자 역, 1994, 솔. 원서에서 〈사회학자들의 사회학을 위하여〉라는 글 한 편을 빼고, 부르디외가 《리테레르》지(1992.10)와 인터뷰한 기사를 번역하여 덧붙임.

1982

Ce que parler veut dire, l'économie des échanges linguistiques, Paris, Fayard.

《상징폭력과 문화재생산》, 정일준 역, 1995, 새물결. 프랑스어 원서에 실려 있는 2편의 논문을 빼고 편자 John B. Thompson의 논문을 실은 영어편역서의 이중번역서.

Leçon sur la leçon, Paris, Les Editions de Minuit.

〈강의에 대한 강의〉(상/하), 《세계사상》 제1/2호, 1997, 동문선.

《강의에 대한 강의》, 현택수 역, 1998, 동문선.

1984

Homo academicus, Paris, Les Editions de Minuit.

1987

Choses dites, Paris, Les Editions de Minuit.

1988

L'Ontologie politique de Martin Heidegger, Paris, Les Editions de Minuit.

1989

La Noblesse d'état; Grandes écoles et espirit de corps, Paris, Les Editions de Minuit.

1992

Les régles de l'art: Gen se et structure du champ litteraire, Paris, Editions du Seuil.

Réponses: pour une anthropologie réflexive, Paris, Editions du Seuil, (avec Loic Wacquant).

1993

La misère du monde, Paris, Editions du Seuil, (ouvrage collectif).

1994

Raison Pratique: Sur la théorie de l'action, Paris, Editions du Seuil.

1996

Sur la télévision: suivi de l'emprise du journalisme, Paris, Liber-Raison d'agir

《텔레비전에 대하여》, 현택수 역, 1998, 동문선.

1997

Méditations pascalinnes, Paris, Editions du Seuil.

Les Usages sociaiux de la science: pour une sociologie clinique du champ scientifique, Paris, INRA.

1998

Contre-Feux: Propos pour servir à la résistance contre l'invasion néo-lib rale, Paris, Liber-Raison d'agir.

La domination masculnine, Paris, Editions du Seuil.

〈남성지배〉, 이봉지 역, 《세계사상》, 제4호, 동문선, 부분 번역.

Les perspectives de la protestation: La resistance sociale Outre-Rhine, foyer d'une autre Europe, Paris, Syllepse, (avec Claude Debons, Detlef Hensche et Bukart Luts).

2 부르디외에 관한 입문적 비판적 글(프랑스어)이 실린 책과 기사

1970
Antoine Prost, 〈Une sociologie stérile: La Reproduction〉, *Esprit, décembre*

1977
Pierre Bonnewitz, *Premières leçons sur la sociologie de Pierre Bourdieu*, PUF.

1980
Philippe Raynaud, 〈Le sociologue contre le droit〉, *Esprit, mars.*
Jean-Yves Cargo, 〈La sociologie de Pierre Bourdieu: él ments pour une th orie du champ politique〉, *Revue fran aise de science politique*, n°6.

1983

Alain Accardo, *Introduction à la sociologie de l'illusionisme social*, Ed. Mascaret, Paris.

1986

Alain Accardo et Philippe Corcuff, *La sociologie de Pierre Bourdieu*, Ed. Mascaret.

1989

Jean-Claude Passeron et Claude Grignon, *Le Savant et le populaire, Misérabilisme et populisme en sociologie et en littérature*, EHESS/Gallimard/Seuil.

1991

Jean-Claude Passeron, *Le Raisonnement sociologique*, Nathan.

1994

Alain Caillé, *Don, intérêet et désintérressement: Bourdieu, Marx, Platon et quelques autre*, La Découverte.

1995

Nona Meyer, 〈L'entretien selon Pierre Bourdieu〉, *Revue française de sociologie*, n.°36.

Philippe Corcuff, *Les nouvelles sociologies, Constructions de la realité sociale*, Nathan.

Luc Ferry et Alain Renault, *La pensée 68, Essai sur l'anti-humanisme contemporain*, Gallimard. 《68사상과 현대 프랑스 철학》, 구교찬 外 역, 1995, 인간사랑.

1996

Claude Grignon, 〈Le savant et le lettré. Ou l'exament d'une désillusion〉, *Revue européenne des sciences sociales*, tome 34, n°103.

Gerard Grumberg et Etienne Schweisguth, 〈Bourdieu et la misère : une approche réductionniste〉, *Revue française de science politique*, vol.46, n°1.

1997

Alain Accardo, *Introduction à une sociologie critique: lire Bourdieu*, Ed. Mascaret, 2d.

1998

Olivier Mongin et Joël Roman, 〈Le populisme version Bourdieu ou la tentation du mépris〉, *Esprit*, n°244, juillet.

Jeannine Verdes-Leroux, *Le Savant et la politique, Essai sur le terrorisme sociologique de Pierre Bourdieu*, Grasset.

3 부르디외에 관한 특집을 실은 프랑스어 잡지

Le Magazine littéraire, n°303, octobre, 1992.

Critique, n° 579-580, aout-septembre, Minuit, 1995. 여기에 실린 논문들의 일부가 《세계사상》 제3호에 번역되었음.

Actuel Marx, n°20, PUF, 1996.

Le Magazine littéraire, octobre 1998.

4 부르디외에 관한 국내 연구논문

1991

윤정로, 〈계급구조와 재생산이론: 부르디외의 이론〉, 서울대 사회학연구회 편, 《사회계층》, 다산출판사.

주춘렬, 《피에르 부르디외의 실천이론 연구》, 연세대 신문방송학과 석사논문.

1994

현택수, 〈문학의 장과 아비튀스〉, 《사회비평》, 여름호, 제11호, 나남.

이상호, 〈아비튀스와 상징질서의 새로운 사회이론〉, 《언론과 사회》, 가을호, 제5호, 나남.

이기현, 〈부르디외의 문화비판이론〉, 한국민족예술인총연합, 《민족예술》, 겨울호.

1995

강준만, 〈피에르 부르디외, 왜 중요한가?〉, 한국사회언론연구회, 《한국사회와 언론》, 제5호, 한울

이기현, 〈부르디외: 비판사회과학의 성찰성〉, 한국산업사회연구회 편, 《탈현대사회사상의 궤적》, 새길.

1996

현택수, 〈현대 사회계급과 문화실천〉, 《현대사회의 구조와 변동》(공저), 나남.

현택수, 〈피에르 부르디외의 사회이론〉, 《경제와 사회》, 겨울호, 한울.

정선기, 〈생활양식과 계급적 취향: 사회적 불평등의 상징적 재생산에 관하여〉, 《한국사회사회학회 논문집》, 제49집.

1997

정선기, 〈일상적 활동과 생활양식: 사회불평등 연구의 문화론적 전환〉, 《세계사상》, 제3호, 동문선.

이상호, 〈사회질서의 재생산과 상징권력: 부르디외의 계급이론〉, 《세계사상》, 제3호, 동문선.

홍성민, 〈아비튀스, 그 존재론적 의미〉, 이구표·이진경 外, 《프랑스 철학과 우리》, 당대.

이남복, 〈피에르 부르디외 사회학의 가능성과 한계〉, 《국제문화연구》, 제14집, 청주대.

서지나, 〈피에르 부르디외의 언어이론에 대한 이론적 고찰〉, 서강대 사회학과 석사논문.

윤성준, 〈부르디외와 상징권력의 사회구조: 오인 개념을 통한 행위자와 구조관계의 새로운 이해〉, 서울대 외교학과 석사논문.

1998

현택수(편저), 《문화와 권력: 부르디외 사회학의 이해》, 나남.

5 부르디외 관련 역서 및 잡지

1992

피에르 앙사르, 《현대 프랑스 사회학》, 정수복 역, 문학과 지성사.

1997

《세계사상》 특집 〈부르디외와 그 사회학의 세계〉, 제3호, 동문선.

현 택 수

1958년 서울 출생. 고려대학교 사회학과 졸업
파리 소르본대학 사회학박사
한국방송개발원 선임연구원 역임
현재 고려대학교 인문대 사회학과 교수
저서 : 《현대사회의 구조와 변동》(공저)
《문화와 권력 : 부르디외 사회학의 이해》(편저)
《프랑스 위성방송의 사회문화적 특성에 관한 연구》
《방송작가 의식조사 연구》 등 다수
역서 : 《텔레비전에 대하여》

현대신서
8

강의에 대한 강의

초판발행 : 1999년 1월 30일

지은이 : P. 부르디외

옮긴이 : 현택수

펴낸이 : 辛成大

펴낸곳 : 東文選
제10-64호, 78.12.16 등록
서울 종로구 관훈동 74
전화 : 737-2795
팩스 : 723-4518

ISBN 89-8038-056-9 04300
ISBN 89-8038-050-X (세트)

【東文選 文藝新書】

1	저주받은 詩人들	A. 뻬이르 / 최수철·김종호	개정근간
2	민속문화론서설	沈雨晟	40,000원
3	인형극의 기술	A. 훼도토프 / 沈雨晟	8,000원
4	전위연극론	J. 로스 에반스 / 沈雨晟	12,000원
5	남사당패연구	沈雨晟	10,000원
6	현대영미희곡선(전4권)	N. 코워드 外 / 李辰洙	각 4,000원
7	행위예술	L. 골드버그 / 沈雨晟	10,000원
8	문예미학	蔡 儀 / 姜慶鎬	절판
9	神의 起源	何 新 / 洪 熹	10,000원
10	중국예술정신	徐復觀 / 權德周	18,000원
11	中國古代書史	錢存訓 / 金允子	8,000원
12	이미지	J. 버거 / 편집부	12,000원
13	연극의 역사	P. 하트놀 / 沈雨晟	12,000원
14	詩 論	朱光潛 / 鄭相泓	9,000원
15	탄트라	A. 무케르지 / 金龜山	10,000원
16	조선민족무용기본	최승희	15,000원
17	몽고문화사	D. 마이달 / 金龜山	8,000원
18	신화 미술 제사	張光直 / 李 徹	10,000원
19	아시아 무용의 인류학	宮尾慈良 / 沈雨晟	8,000원
20	아시아 민족음악순례	藤井知昭 / 沈雨晟	5,000원
21	華夏美學	李澤厚 / 權 瑚	10,000원
22	道	張立文 / 權 瑚	18,000원
23	朝鮮의 占卜과 豫言	村山智順 / 金禧慶	15,000원
24	원시미술	L. 아담 / 金仁煥	9,000원
25	朝鮮民俗誌	秋葉隆 / 沈雨晟	12,000원
26	神話의 이미지	J. 캠벨 / 扈承喜	근간
27	原始佛敎	中村元 / 鄭泰爀	8,000원
28	朝鮮女俗考	李能和 / 金尙憶	12,000원
29	朝鮮解語花史	李能和 / 李在崑	15,000원
30	조선창극사	鄭魯湜	7,000원
31	동양회화미학	崔炳植	9,000원
32	性과 결혼의 민족학	和田正平 / 沈雨晟	9,000원
33	農漁俗談辭典	宋在璇	12,000원
34	朝鮮의 鬼神	村山智順 / 金禧慶	12,000원
35	道敎와 中國文化	葛兆光 / 沈揆昊	15,000원
36	禪宗과 中國文化	葛兆光 / 鄭相泓·任炳權	8,000원
37	오페라의 역사	L. 오레이 / 류연희	12,000원

38	인도종교미술	A. 무케르지 / 崔炳植	14,000원
39	힌두교 그림언어	안넬리제 外 / 全在星	9,000원
40	중국고대사회	許進雄 / 洪 熹	22,000원
41	중국문화개론	李宗桂 / 李宰碩	15,000원
42	龍鳳文化源流	王大有 / 林東錫	17,000원
43	甲骨學通論	王宇信 / 李宰錫	근간
44	朝鮮巫俗考	李能和 / 李在崑	12,000원
45	미술과 페미니즘	N. 부루드 外 / 扈承喜	9,000원
46	아프리카미술	P. 윌레뜨 / 崔炳植	10,000원
47	美의 歷程	李澤厚 / 尹壽榮	15,000원
48	曼茶羅의 神들	立川武藏 / 金龜山	10,000원
49	朝鮮歲時記	洪錫謨 外/李錫浩	30,000원
50	河 禾	蘇曉康 外 / 洪 熹	8,000원
51	武藝圖譜通志 實技解題	正 祖 / 沈雨晟・金光錫	15,000원
52	古文字學 첫걸음	李學勤 / 河永三	9,000원
53	體育美學	胡小明 / 閔永淑	10,000원
54	아시아 美術의 再發見	崔炳植	9,000원
55	曆과 占의 科學	永田久 / 沈雨晟	8,000원
56	中國小學史	胡奇光 / 李宰碩	20,000원
57	中國甲骨學史	吳浩坤 外 / 梁東淑	근간
58	꿈의 철학	劉文英 / 河永三	15,000원
59	女神들의 인도	立川武藏 / 金龜山	13,000원
60	性의 역사	J. L. 플랑드렝 / 편집부	18,000원
61	쉬르섹슈얼리티	W. 챠드윅 / 편집부	10,000원
62	여성속담사전	宋在璇	18,000원
63	박재서희곡선	朴栽緖	10,000원
64	東北民族源流	孫進己 / 林東錫	13,000원
65	朝鮮巫俗의 研究 (상・하)	赤松智城・秋葉隆 / 沈雨晟	28,000원
66	中國文學 속의 孤獨感	斯波六郎 / 尹壽榮	8,000원
67	한국사회주의 연극운동사	李康列	8,000원
68	스포츠 인류학	K. 블랑챠드 外 / 박기동 外	12,000원
69	리조복식도감	리팔찬	10,000원
70	娼 婦	A. 꼬르벵 / 李宗旼	20,000원
71	조선민요연구	高晶玉	30,000원
72	楚文化史	張正明	근간
73	시간 욕망 공포	A. 꼬르벵	근간
74	本國劍	金光錫	40,000원
75	노트와 반노트	E. 이오네스코 / 박형섭	8,000원

76	朝鮮美術史研究	尹喜淳	7,000원
77	拳法要訣	金光錫	10,000원
78	艸衣選集	艸衣意恂 / 林鍾旭	14,000원
79	漢語音韻學講義	董少文 / 林東錫	10,000원
80	이오네스코 연극미학	C. 위베르 / 박형섭	9,000원
81	中國文字訓楠學辭典	全廣鎭 편역	15,000원
82	상말속담사전	宋在璇	10,000원
83	書法論叢	沈尹默 / 郭魯鳳	8,000원
84	침실의 문화사	P. 디비 / 편집부	9,000원
85	禮의 精神	柳肅 / 洪熹	10,000원
86	조선공예개관	日本民芸協會 編 / 沈雨晟	30,000원
87	性愛의 社會史	J. 솔레 / 李宗旼	12,000원
88	러시아 미술사	A. I. 조토프 / 이건수	16,000원
89	中國書藝論文選	郭魯鳳 選譯	18,000원
90	朝鮮美術史	關野貞	근간
91	美術版 탄트라	P. 로슨 / 편집부	8,000원
92	군달리니	A. 무케르지 / 편집부	9,000원
93	카마수트라	바짜야나 / 鄭泰爀	10,000원
94	중국언어학총론	J. 노먼 / 全廣鎭	18,000원
95	運氣學說	任應秋 / 李宰碩	8,000원
96	동물속담사전	宋在璇	20,000원
97	자본주의의 아비투스	P. 부르디외 / 최종철	6,000원
98	宗敎學入門	F. 막스 뮐러 / 金龜山	10,000원
99	변 화	P. 바츨라빅크 外 / 박인철	10,000원
100	우리나라 민속놀이	沈雨晟	15,000원
101	歌 訣	李宰碩 편역	20,000원
102	아니마와 아니무스	A. 융 / 박해순	8,000원
103	나, 너, 우리	L. 이리가라이 / 박정오	10,000원
104	베케트 연극론	M. 푸크레 / 박형섭	8,000원
105	포르노그래피	A. 드워킨 / 유혜련	12,000원
106	셸 링	M. 하이데거 / 최상욱	12,000원
107	프랑수아 비용	宋勉	18,000원
108	중국서예 80제	郭魯鳳 편역	16,000원
109	性과 미디어	W. B. 키 / 박해순	12,000원
110	中國正史朝鮮列國傳 (전2권)	金聲九 편역	120,000원
111	질병의 기원	T. 매큐언 / 서일·박종연	12,000원
112	과학과 젠더	E. F. 켈러 / 민경숙·이현주	10,000원
113	물질문명·경제·자본주의	F. 브로델 / 이문숙 外	절판

▨ 히스테리 사례분석	S. 프로이트 / 태혜숙	7,000원
▨ 에쁘롱	J. 데리다 / 김다은	7,000원
▨ 정치학이란 무엇인가	K. 미노그 / 이정철	6,000원
▨ 사랑의 지혜	A. 핑켈크로트 / 권유현	6,000원
▨ 불교란 무엇인가	D. 키언 / 고길환	6,000원
▨ 텔레비전에 대하여	P. 부르디외 / 현택수	7,000원
▨ 유대교란 무엇인가	N. 솔로몬 / 최창모	6,000원
▨ 강의에 대한 강의	P. 부르디외 / 현택수	6,000원
▨ 청소년을 위한 철학교실	A. 자카르 / 장혜영	7,000원
▨ 일반미학	R. 카이유와 / 이경자	6,000원
▨ 문학이론	J. 컬러 / 이은경·임옥희	7,000원

【完譯詳註 漢典大系】

1 說 苑·上	林東錫 譯註	30,000원
2 說 苑·下	林東錫 譯註	30,000원
3 韓詩外傳	林東錫 譯註	근간
4 晏子春秋	林東錫 譯註	30,000원
5 潛夫論		근간
14 西京雜記	林東錫 譯註	20,000원
16 搜神記·上	林東錫 譯註	30,000원
17 搜神記·下	林東錫 譯註	30,000원

【한글고전총서】

1 설원·상	임동석 옮김	7,000원
2 설원·중	임동석 옮김	7,000원
3 설원·하	임동석 옮김	7,000원
4 안자춘추	임동석 옮김	8,000원
5 수신기·상	임동석 옮김	8,000원
6 수신기·하	임동석 옮김	8,000원

【李外秀 작품집】

▨ 겨울나기	7,000원
▨ 꿈꾸는 식물	6,000원
▨ 내 잠 속에 비 내리는데	6,000원
▨ 들 개	7,000원
▨ 말더듬이의 겨울수첩	6,000원
▨ 벽오금학도	7,000원
▨ 장수하늘소	6,000원

▨ 칼		7,000원
▨ 풀꽃 술잔 나비		4,000원
▨ 황금비늘(전2권)		각권 7,000원
▨ 그대에게 던지는 사랑의 그물		7,000원

【趙炳華 작품집】

▨ 공존의 이유		5,000원
▨ 그리움		7,000원
▨ 그리운 사람이 있다는 것은		5,000원
▨ 길		10,000원
▨ 개구리의 명상		3,000원
▨ 꿈		10,000원
▨ 버리고 싶은 우산		3,000원
▨ 사랑의 노숙		4,000원
▨ 사랑의 여백		5,000원
▨ 사랑이 가기 전에		4,000원
▨ 아내의 방		4,000원
▨ 잠 잃은 밤에		3,400원
▨ 패각의 침실		3,000원
▨ 하루만의 위안		3,000원

【기 타】

■ 甲骨文合集 (전18권)		60만원
■ 古陶文字徵	高 明·葛英會	20,000원
■ 古文字類編	高 明	24,000원
■ 金文編	容 庚	36,000원
■ 隷字編	洪釣陶	40,000원
■ 古文字學論集 (第一輯)	中國古文字學會 편	12,000원
■ 경제적 공포	V. 포레스테 / 김주경	7,000원
■ 서기 1000년과 서기 2000년 그 두려움의 흔적들	J. 뒤비 / 양영란	8,000원
■ 미래를 원한다	J. D. 로스네 / 문 선·김덕희	8,500원
■ 밀레니엄 버그	S. 리브·C. 맥기 / 편집부	8,000원
■ 잠수복과 나비	J. D. 보비 / 양영란	6,000원
■ 그로 깔랭	에밀 아자르 / 지정숙	3,000원
■ 그리하여 어느날 사랑이여	李外秀 편	4,000원
■ 노력을 대신하는 것은 없다	R. 쉬이 / 유혜련	5,000원
■ 서비스는 유행을 타지 않는다	B. 바게트 / 정소영	5,000원

■ 인생은 앞유리를 통해서 보라　B. 바게트 / 박해순　　　5,000원
■ 못잊어　　　　　　　　　　김소월 시집　　　　　3,000원
■ 사랑의 존재　　　　　　　　한용운 시집　　　　　3,000원
■ 산이 높으면 마땅히　　　　劉　向 / 林東錫　　　5,000원
　우러러볼 일이다
■ 선종이야기　　　　　　　　洪　熹 편저　　　　　8,000원
■ 어린이 수묵화의 첫걸음(전6권)　趙　陽　　　　　42,000원
■ 오늘 다 못다한 말은　　　　李外秀 편　　　　　6,000원
■ 소림간가권　　　　　　　　德　虔 / 洪　熹　　　5,000원
■ 李外秀　　　　　　　　　　신승근 연작시집　　　3,000원
■ 原本 武藝圖譜通志　　　　正祖 命撰　　　　　　60,000원
■ 중국기공체조　　　　　　　중국인민잡지사　　　3,400원
■ 중국도가비전양생장수술　　邊治中　　　　　　　5,000원
■ 테오의 여행(전5권)　　　　C. 클레망 / 양영란　각권 6,000원
■ 십이속상도안집　　　　　　편집부　　　　　　　8,000원

롤랑 바르트 전집 3

현대의 신화

이화여대 기호학 연구소 【옮김】

이 책에서 바르트가 분석하고자 한 것은, 부르주아사회가 자연스럽게 생각하고 자명한 것으로 생각해 버려서 마치 신화처럼 되어 버린 현상들이다. 그것은 1950년대 중반부터 60년대 초까지 프랑스 사회에서 일어나고 있는 현상이지만, 이미 과거의 것이 되어 버린 것이 아니라 오늘날에도 유효한 것이기 때문에 독자들의 많은 관심을 불러일으키고 있다. 저자가 이책에서 보이고 있는 예리한 관찰과 분석, 그리고 거기에 대한 명석한 해석은 독자에게 감탄과 감동을 체험하게 하고 사물을 보는 새로운 눈을 뜨게 한다. 특히 후기 산업사회에 들어와서 반성 없이 이루어지고 있는 것, 가벼운 재미로만 이루어지면서도 대중을 지배하는 모든 것에 대해서 이 책은, 그것들이 그렇게 자연스런 것이 아니라는 것, 자명한 것이 아니라는 것을 알게 한다. 사회의 모든 현상이 숨은 의미를 감추고 있는 기호들이라고 생각하는 이 책은, 우리가 그 기호들의 의미 현상을 알고 있는 한 그 기호들을 그처럼 편안하게 소비하고 있을 수 없다는 것을 우리에게 알게 한다.

이 책은 바르트 기호학이 완성되기 전에 씌어진 저작이기 때문에 엄밀한 의미에서 바르트 기호학을 대표하는 것은 아니지만, 그러나 그의 타고난 기호학적 감각과 현란한 문체로 이루어져 있어서 그의 기호학이론에 완전히 부합되고 있을 뿐만 아니라, 그의 텍스트 실천이론에도 상당히 관련되어 있어서 바르트 자신의 대표적 저작이라 할 수 있다.

東文選 文藝新書 129

죽음의 역사

P. 아리에스　　[著]

李宗旼　　[譯]

　지구상에 존재하는 모든 피조물은 시작과 끝이라는 존재의 본원적인 한계성을 지니고 있다. 인간 역시 이러한 자연의 법칙에서 결코 벗어날 수 없는 한계성을 인식하고 있다. 그러나 인간 존재의 시작을 의미하는 탄생에 관해서는 그 실체가 이미 과학적으로 규명되고 있지만, 종착점으로서의 죽음은 인간들의 끊임없는 연구와 노력에도 불구하고 오늘날까지 이렇다 할 구체적인 모습을 드러내지 못하고 있는 것이 현실이다. 이유는 간단하다. 과학적으로 죽음이라는 현상 자체는 규명되었다 할지라도, 그 이후의 세계는 어느 누구도 경험하지 못한 때문일 것이다. 물론 죽음이나 저세상을 경험했다는 류의 흥미로운 기사거리나 서적 들이 우리의 주변에 널려 있는 것은 사실이지만, 이는 어디까지나 임사 상태에 이른 사람들의 이야기일 뿐 실지로 의학적으로 완전한 사망을 토대로 한 것은 아니다. 말하자면 진정한 죽음의 상태를 경험한 사람은 존재치 않기 때문에 죽음은 더욱더 우리 인간들의 호기심과 두려움을 자극하는 대상이 되고 있을지도 모른다.

　아무튼 본서는 아득한 옛날부터 현재에 이르기까지 사람들은 어떻게 죽음을 맞이하고 생각했는가?라는 사람들의 호기심에 답하듯 죽음을 연구대상으로 삼은 역사서이다. 따라서 죽음의 이미지가 어떻게 변해 왔는지, 또 인간은 자신의 죽음을 앞에 두고 어떻게 행동했으며 타인의 죽음에 대해 어떤 생각을 품고 있었는지를 추적한다. 그리하여 역사 이래 인간의 항구적 거주지로서의 묘지로부터 죽음과 문화와의 관계를 파악하면서 묘비와 묘비명, 비문과 횡와상, 기도상, 장례 절차, 매장 풍습, 나아가 20세기 미국의 상업화된 죽음의 이미지를 추적한다.